百濟

百濟王記

남당 박창화 유고
하 진규 번역

優塡…沸流…瑠璃…多婁…己婁…蓋婁…肖古…仇首…[九]責稽…[十]汾西…[十二]契王
松流…阿莘…腆支…久爾辛…毗有…蓋鹵…文周…三斤
墨王…法王…武王…義慈…本字春…大興
恭演隆豐

책을 내면서

일제 강점기 때 일제는 조선의 역사를 다시 정립한다는 명분 아래 수많은 고서와 역사 관련 자료들을 강탈해 갔고, 그것도 모자라 몇십만 권에 달하는 사서를 불살랐다. 그리하여 우리의 유구한 역사와 민족의 정신과 시원(始原)을 그들의 입맛에 맞게 왜곡 조작하고, 그것을 다시 한국 사람들에게 가르쳐 지금까지 그 망령된 역사관(歷史觀)이 이어져 오고 있고, 이러한 역사관으로 뭉쳐진 사람들에 의해 역사교육이 진행되고 있다.

정확히 언제부터인지는 알 수가 없으나 내 속에서 역사에 대한 목마름이 생기기 시작했고, 시험용으로 점수를 받기 위한 역사가 아닌, 알고 싶은 역사를 공부해보고자 하는 일환으로 원문 사서를 찾던 중에 불행 중 다행으로 남당 박창화 선생님이 우리의 귀중한 고서들을 일본 서고에서 필사한 책들이 있다는 소식을 듣고, 우연한 기회에 자료를 얻을 수가 있게 되었다. 지금까지 한자를 번역한 책들은 거의가 재탕 삼탕에 때로는 역자(譯者)의 의도에 따라 그 뜻이 오역되거나 누락이 되는 부분도 엿보인다. 본인은 그 당시의 상황과 위상을 가늠해 사대(事大)적인 번역을 지양(止揚)했으며, 모든 글자의 뜻을 그대로 살려 번역을 했다.

역사 전쟁이 한창인 이때, 중국의 동북공정은 이미 마무리되어 선전 단계라고 하나 여전히 시시각각 역사에 대한 공정이 진행될 것이고, 일본의 임나일본부설 또한 뱀 대가리처럼 다시 빳빳하게 고개를 쳐들고 있다. 아직까지 번역도 되지 못한 원문으로 된 귀중한 사서들이 많다고 한다. 제아무리 지금껏 볼 수 없었던 내용, 좋은 내용을 담고 있어도 알아볼 수가 없으면 허사다. 이제는 잠든 채로 존재만 하는 책이 아닌 살아서 숨 쉬는 책, 대중이 볼 수 있는 책이 나오도록 작은 힘이나마 보태고자 한다.

귀한 자료 입수에 물심양면으로 도움을 주신 시민혁명 출판사 대표이며, 올바른 역사를 알리기 위해 고군분투하시는 한국사 유튜버 책보고님께 감사드리며, 아울러 바쁜 육아와 가사에도 불구하고, 번역 작업이 순조롭게 될 수 있도록 내조를 마다하지 않은 아내에게 감사드립니다.

2023년 7월 25일
하진규

백제 왕실 계보

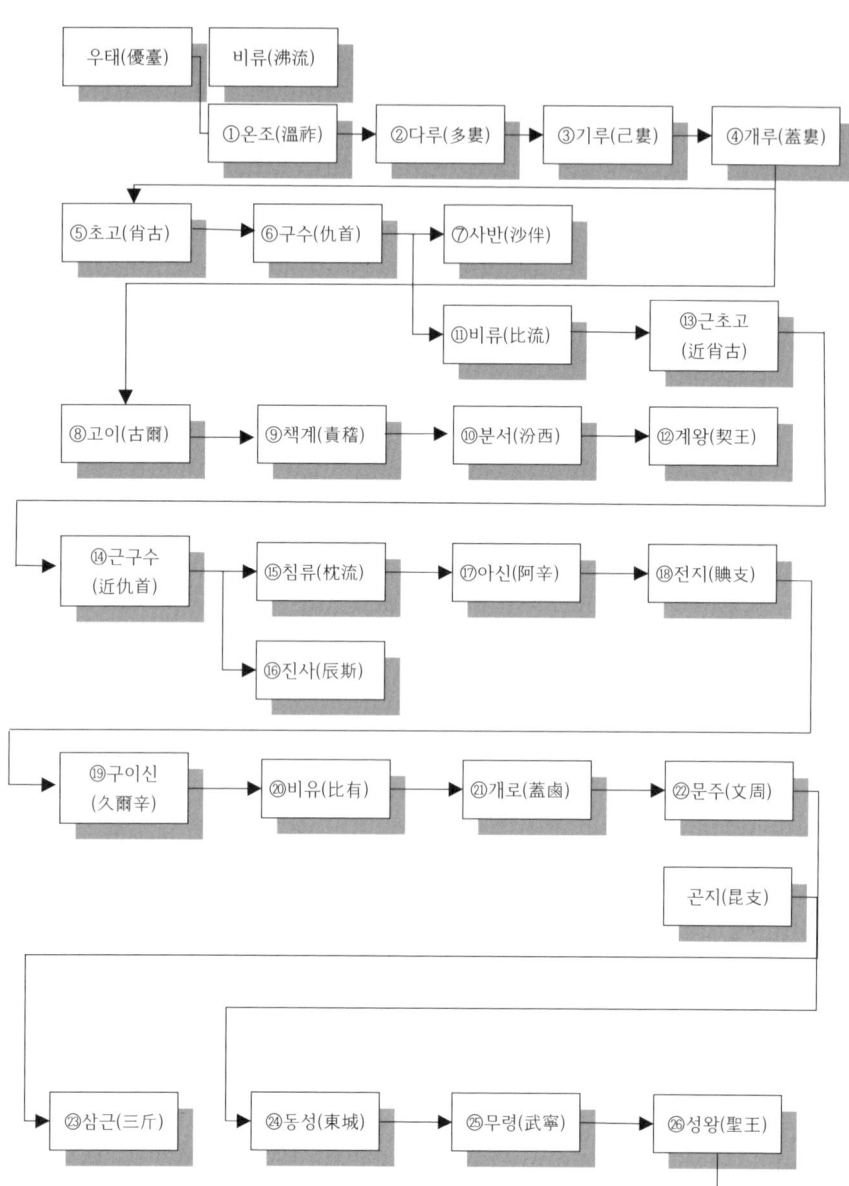

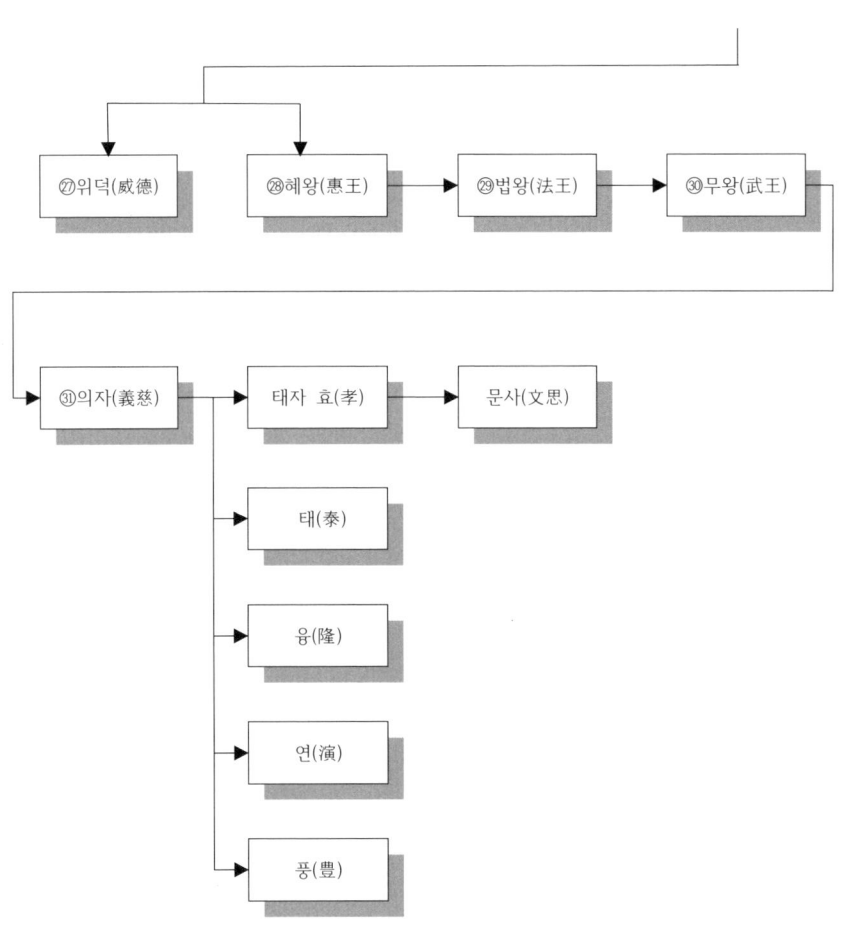

차   례

백제왕기

1. 시조 온조왕(始祖溫祚王)   6
2. 비류왕(沸流王)   34
3. **온조왕(溫祚王)**   42
4. 다루왕(多婁王)   54
5. 기루왕(己婁王)   62
6. 개루왕(蓋婁王)   64
7. 초고왕(肖古王)   66
8. **구지왕(仇知王)**   74
9. **초고왕(肖古王)**   90
10. **구수왕(仇首王)**   102
11. **고이왕(古爾王)**   106
12. 구수왕(仇首王)   114
13. 고이왕(古爾王)   118
14. 책계왕(責稽王)   128
15. 분서왕(汾西王)   130
16. 비류왕(比流王)   132
17. 계왕(契王)   136
18. 근초고왕(近肖古王)   136
19. 근구수왕(近仇首王)   142
20. 침류왕(枕流王)   144
21. 진사왕(辰斯王)   146
22. 아신왕(阿莘王)   150
23. 전지왕(腆支王)   158
24. 구이신왕(久尒辛王)   162
25. 비유왕(毗有王)   164
26. 개로왕(蓋鹵王)   168
27. 문주왕(文周王)   180
28. 삼근왕(三斤王)   184

29. 동성왕(東城王)	186
30. 무령왕(武寧王)	200
31. 성왕(聖王)	206
32. 위덕왕(威德王)	212
32. 혜왕(惠王)	220
33. 법왕(法王)	220
34. 무왕(武王)	222
35. 의자왕(義慈王)	238
백제 부흥 투쟁기	260

백제서기

백제 건국의 비밀

1. 우태왕(優臺王)	276
2. 비류왕(沸流王)	296

『백제왕기』

시조 온조왕(始祖 溫祚王)

그 아버지는 추모(鄒牟) 또는 주몽(朱蒙)이라고 한다.
북부여에서 난을 피해 졸본에 이르렀다.
부여 왕에게는 아들이 없고, 딸만 세 명이 있었는데,
주몽이 비범하여, 둘째 딸을 주몽에게 시집을 보냈다.
얼마 지나지 않아 부여 왕이 서거했다.
주몽이 (부여 왕의) 자리를 이었고 아들 둘을 낳았다.
첫째가 비류(沸流), 둘째가 온조[1](溫祚)였다.
주몽이 북부여(北扶餘)에서 낳은 아들이 와서 태자가 된다면
태자(유리)가 비류, 온조(존재를)를 용인하지 않을 것이 두려워
마침내 오간(烏干), 마리(馬黎)등 10명의 신하(十臣)와 남쪽으로
향했는데, 백성들 중 따르는 자들이 많았다.

마침내 한산(漢山)에 이르자 부아악(負兒岳)에 올라가 살만한 땅을 살펴보았다. 비류는 물 근처(海濱)에 살 곳을 정하고 싶었는데, 10명의 신하가 간하길 "생각컨대 이곳은

황하의 남쪽 땅이고(惟此河南之地),
북쪽으로는 한수를 끼고 있고(北帶漢水),
동쪽으로는 남악이 점거하고 있고(東據南岳),
남쪽으로는 비옥한 택지가 있고(南望沃澤),
서쪽으로는 큰물이 험준합니다(西阻大海).

얻기 어렵다는 그 천연의 험한 지리(天險地利)가 있는 땅입니다.
여기에 도읍을 정하는 것이 마땅히 좋지 않겠사옵니까?"라고 했다.
비류는 듣지를 않고 그 백성들을 나누어 미추홀로 돌아가
(도읍을 삼아) 그곳에 살았다.

---

[1] 다른 기록에는 '주몽이 졸본에 이르러 월군(越郡)의 딸을 아내로 삼아 아들 둘을 낳았다'라고 한다. (或云朱蒙到卒本娶越郡女生二子)

南堂 朴昌和 先生 遺稿

始祖溫祚王

其父鄒牟或云朱蒙自北扶餘逃難至卒本扶餘扶餘王無子只有三女見朱蒙知非常人以第二女妻之未幾扶餘王薨朱蒙嗣位生二子長曰沸流次曰溫祚或云朱蒙孃到卒本扶餘娶越郡孃生二子恐太子所生子來爲太子沸流溫祚恐太子所不容遂與烏干馬黎等十臣南行百姓從之者多遂至漢山登負兒嶽望可居之地沸流欲居於海濱十臣諫曰惟此河南之地北帶漢水東據高岳南望沃澤西阻大海其天險地利難得之勢作都於此不亦宜乎沸流不聽分其民歸彌鄒忽以居之

온조는 하남 위례성을 수도로 삼았다.

열명의 신하가 보좌를 하였고, 국호를 십제(十濟)라고 했다.
이때가 전한(前漢) 성제(成帝) 홍가(鴻嘉:서기전 18년) 삼 년이다.

비류의 미추는 땅이 습하고 물이 짜서 편안하게 살기가 어려웠다.
위례가 수도가 되고, 백성이 편안하고 나라가 태평한 것을 보고
돌아와서는 참회를 하다 죽자, 그 (비류를 따르던) 신하들이
모두 위례성으로 귀부했다. 그 후로 백성들이 즐거이 따르고
국호를 백제(百濟)라고 고쳐 불렀다.

백제는 그 세계(世系)가
고구리(高句麗 고구려, 이하 고구리)처럼
부여에서 나왔다.
그래서 부여를 성씨로 삼았다(以扶餘爲氏).

다른 기록(一云)에는
시조 비류(沸流)왕의 아버지는 우태(優臺)이고,
부여 왕 해부루(解夫婁)의 서자의 아들(庶孫)이며
어머니 소서노(召西奴)는 졸본인 연타발(延陀勃)의 딸이라고 한다.
처음에는 우태(優臺)에게 시집을 가서 두 아들을 낳았는데
첫째가 비류(沸流), 둘째가 온조(溫祚)이다.
우태가 죽자 소서노는 혼자서 졸본에서 살았다.

후에 주몽(朱蒙)은 부여에서 인정을 받지 못하자
전한(前漢) 건소(建昭) 2년(서기전 37년) 봄 2월에
남쪽 졸본으로 달아나 수도로 삼고, 국호를 고구리라 했다.
소서노에게 장가를 들어 왕비로 삼았다.
(국가)창업의 토대를 닦는데 상당한 내조가 있었다.

그리하여 주몽이 소서노를 총애하여 받아들였고, 비류 등을

溫祚都河南慰禮城以十臣為輔翼國號十濟是
前漢成帝鴻嘉三年也沸流以彌鄒土濕水鹹不
得安居歸見慰禮都邑鼎足人民安逸慚悔而
死其臣民皆歸故於慰禮後以時百姓樂從改號
百濟其世系與高句麗同出扶餘故以扶餘為氏
一云始祖沸流王其父優台北扶餘王解夫婁庶
孫世居台西奴辛卒人朱陁勃之女也始歸於優台
生子二人長曰沸流次曰溫祚優台死寡居于卒
本後朱蒙不容於扶餘以前漢建昭二年春二月
南奔至卒本立都號高句麗娶召西奴為妃於
開基創業頗有內助故朱蒙寵接之特厚待沸流

자기 자식과 같이 특별히 후하게 대했다.

주몽이 부여에 있었을 때
예(禮)씨의 소생 유류(孺留)가 오자 태자로 삼고,
보위를 잇게 했다.
이에 비류(沸流)가 동생 온조(溫祚)에게 말하길

"처음 대왕께서 부여에서 난을 피해 도망쳐 졸본으로 왔을 때,
우리 어머니께서 가산을 털어 힘껏 도우신 덕에(傾家財助)
방업(邦業:나라를 세움)을 이룰 수 있었고,
그 공로가 많지만, 대왕께서는 세상의 순서를 따라(厭世)
유류(孺留)에게 고구리를 맡기셨구나.
우리가 여기서 헛되이 우울하게 있어 봤자
쓸데없는 혹과 같으니
차라리 어머니를 모시고 남쪽으로 살 곳을 찾아
별도로 나라를 세우고 수도를 정하는 것이 낫겠구나"
라고 하였다.

마침내 동생과 무리들을 이끌고 패(浿), 대(帶) 2개의 강을 건너,
미추홀(彌鄒忽)에 이르러 그곳을 거점으로 삼았다.

북사(北史)와 진서(晉書)의 기록에는 모두
'동명의 후손에는 구태(仇臺)가 있었는데, 인신(仁信)이 돈독했고,
처음 대방(帶方)의 옛 땅에 나라를 세웠다.
한(漢) 요동태수 공손도(公孫度)가 딸을
그(구태)에게 시집을 보냈고,
마침내 동이강국(東夷强國)이 되었는데,
어느 것이 맞는지는 모르겠다(未知孰是)'라고 한다.

等如己子朱蒙在扶餘所生禮氏子孺留來立之
爲太子以至嗣位焉於是沸流謂溫祚曰始大
王避扶餘之難逃歸至此我母此傾家財助成邦
業其勤勞多矣大王厭世國家屬於孺留吾等徒
在此鬱鬱不如奉母南進卜地別立國都
遂與弟率黨類渡浿江涉帶涫至彌鄒忽
以居之
北史及晉書皆云原明之後有仇臺篤於仁信初
立國于帶方故地漢遼東太守公孫度以女妻之
遂爲東夷彊國未知孰是

● 원년(서기전 18년), 계묘(癸卯), 오월, 동명묘(東明廟)를 세웠다.

● 이 년(서기전 17년), 갑진(甲辰), 정월,
왕이 군신들에게 일러 말하길
"말갈(末曷)이 계속 우리 북쪽 변경으로 오는데
그들은 용맹하며 속임수도 많이 쓴다.
마땅히 군대를 정비하고(繕兵), 곡식을 비축하여(積穀)
말갈을 방비하도록 계책을 세워야 할 것이다." 라고 했다.
삼월, 족부(族父:씨족의 우두머리) 을음(乙音)은 지식이 있고,
담력 또한 있어서 우보(右輔)로 삼고, 병마의 일을 위임했다.
(委以兵馬之事)

● 삼 년(서기전 16년), 을사(乙巳), 구월,
말갈이 북쪽 변경을 침입하자
왕이 정병(勁兵:정예 병사)을 이끌고 벼락같이 공격하여
말갈을 대패시켰다.
살아 돌아간 자가 열에 한 둘이었다.

● 사 년(서기전 15년), 병오(丙午),
봄과 여름 가뭄이 들었고, 기근과 역병이 돌았다.

팔월 낙랑(樂浪)에 사신을 보내 수교를 맺었다.

● 오 년(서기전 14년), 정미(丁未), 시월,
북쪽 변경을 순무하고 신록(神鹿)을 사냥해서 잡았다.

● 팔 년(서기전 11년), 경술(庚戌), 이월,
말갈 도적 떼 3,000명이 와서 위례성을 에워싸자
왕이 (성)문을 닫고 나가지 않았다.

元年癸卯五月立東明王廟

二年甲辰正月王謂群匡曰末曷連我北境其人勇而多詐宜繕兵積穀爲拒守之計

三月以扶父乙音有智識膽力拜爲右輔委以兵馬之事

三年乙巳九月末曷侵北境王帥勁兵急擊大敗之賊生還者十之一二

四年丙午春夏旱饑疫

八月遣使樂浪修好

五年丁未十月巡撫北邊獵獲神鹿

八年庚戌二月末曷賊三千來圍慰禮城王閉門不

열흘이 지나자 말갈 도적 떼들은 양식이 다 떨어져 돌아갔다.
왕이 정예 병사(銳卒)를 뽑아 추격하게 했고,
대부현(大斧峴)에서 일전을 치뤄서 이겼다.
죽이고 포로로 잡은 수가 500여 명이다.

칠월, 마수성(馬首城)을 축조하고, 병산책(瓶山柵)을 견고히 했다.

낙랑태수가 사신을 보내 말하기를
"요새 사람을 보내서, 한 가족이 되기로 뜻을 함께했는데,
지금 우리의 강역에 와서 성책을 세우고 있는 것은,
혹시 우리의 강역을 잠식(蠶食)하려고 모의를 하는 것이 아닌가?
옛날의 호리성(好黎城)처럼 성책을 파괴하라
그렇게 하면 의심하지 않을 것이나 만약 그렇게 하지 않으면
전쟁을 선포하여 결정짓도록 할 것이다."라고 하자

왕이 말하기를
"요충지에 방어시설을 하고 나라를 지키는 것은
예나 지금이나 일상적인 일인데, 어찌 감히 이것을(이유로)
우의(和好:사이가 좋고 친함)에 변함이 있는가?
마땅히 귀하는 의심하지 마라!
만약 귀하가 강함을 믿고(恃强), 전쟁 선포를 한다면
우리(小國) 역시 그 대가를 치르게 해줄 수밖에 없다."

이때부터 낙랑과 화친이 깨어졌다.

● 십 년(서기전 9년), 임자(壬子), 구월,
왕이 사냥을 나가서 신록(神鹿)을 잡아 마한(馬韓)으로 보냈다.

시월, 말갈이 북방 변경에 노략질을 하자
왕이 병사 200명을 보내 곤미천(昆彌川) 위에서 항전하였으나
아군이 대패했다.

出經旬賊糧盡而歸王簡銳卒追及大爭峴擊敗
一戰克之殺虜五百餘人
七月築馬首城山在茂堅瓶山柵川在朋
樂浪太守便告曰頃者聘問結好意同一家今遍
我彊造立城柵或者其有蠶食之謀乎若不渝舊
好弊城破柵則無所猜疑苟或不然請一戰以決
勝負主報曰設險守國古今常道豈敢以此有渝
於和好宜若執事之所不疑也若執事恃強出師
則小國亦有以待之耳由是與樂浪失和
十年壬于九月王出獵獲神鹿以送馬韓
十月末曷寇北境王遣兵二百拒戰於昆彌川上

청목산(靑木山)에 의탁하여 홀로 지키니
왕이 친히, 정예 기마병 100명을 이끌고 봉현(烽峴)으로 나와
아군을 구하셨다. 적들이 그것을 보고 즉시 퇴각했다.

● 십일 년(서기전 8년), 계축(癸丑), 사월,
낙랑이 말갈을 시켜 병산책(甁山柵)을 습격하여 파괴하고,
100여 인을 살략(殺掠:사람을 죽이고 재물을 약탈)했다.

칠월, 독산(禿山) 구천(狗川) 2개의 책(兩柵)을 설치하고,
낙랑이 오는 길을 막았다.

● 십삼 년(서기전 6년), 을묘(乙卯), 이월
왕도(王都:왕궁이 있는 도시)에 늙은 노파(老嫗)가 남자로 변하고,
호랑이 다섯 마리가 성으로 들어왔다.
왕모(소서노)께서 승하하셨다

오월, 왕이 신하에게 이르러 말하길
"나라의 동쪽에 낙랑(樂浪)이 있고,
북쪽에는 말갈(末曷)이 변경을 침범하고 있어서
평안할 날이 적고,
오늘 흉조와 길조(妖祥)가 여러 차례 보이더니 국모를 여의었다.
흉맹하여 편안함을 얻지 못하니 반드시 수도를 옮겨야 할 것이다.

짐이 어제 순무를 나가 한수(漢水)의 남쪽을 보았는데,
토양이 기름지고 그곳이 수도를 정하기에 마땅하니
오랫동안 편안할 수 있는 방법을 구상하라"라고 했다.

富寧我軍敗績依青木山白巖山白保王觀帥精騎
一百出烽峴救之賊見之即退
十一年癸巳四月樂浪使朱昌襲破甁山柵殺掠一
百餘人
七月設虎山靑狗川柵以塞樂浪之來
路
十三年乙卯二月王都老嫗化爲男五虎入城
王卌薨年六十一歲
五月王謂佳下曰國家東有樂浪北有末曷侵戰
疆境少無寧日今妖祥屢見國母棄養孤不自安
必將遷國予昨出巡觀浿水之南土壤膏腴宜都

칠월, 한산(漢山) 아래 다다라 책(柵)을 세우고,
위례성(慰禮城) 민호(民戶:민가)를 이주시켰다.

팔월, 사신을 마한(馬韓)에 보내 수도를 옮긴다고 하고,
마침내 강역(疆域:국경 혹은 경계)을 정했는데,

북으로는 패하(浿河),
남으로는 웅천(熊川),
서쪽으로는 큰물(大海)에 다다르고,
동쪽 끝으로는 주양(走壤)에 이르렀다.

구월, 성의 관문을 세웠다(立城關).

● 십사 년(서기전 5년), 병진(丙辰), 정월,
수도(遷都)를 옮겼다.

이월, 마을을 순무하고 농사를 힘써 권장했다.

칠월, 한강(漢江) 서북에 성을 쌓고, 한성 백성을 나누었다.

● 십오 년(서기전 4년), 정사(丁巳), 정월, 새로 궁실을 지었다.
검소하지만 누추하지 않고, 화려하지만 사치스럽지 않았다.

● 십칠 년(서기전 2년), 기미(己未), 봄,
낙랑이 침입하여 위례성을 불태웠다.

사월, 사당을 세우고 국모에게 제사를 지냈다.

於後以圖久安之計
七月航漢山下立柵移慰禮城民戶
八月遣使馬韓告遷都遂畫定疆域北至浿河南
限熊川西窮大海東極走壤
九月立城闕
十四年丙辰正月遷都
二月王巡撫部落務勸農事
七月築城漢江西北分漢城民
十五年丁巳正月作新宮室儉而不陋華而不侈
十七年己未樂浪來侵焚慰禮城
四月立廟以祀國母

● 십팔 년 (서기전 1년), 경신(庚申), 시월,
말갈이 기습해왔다.
왕이 병사를 이끌고 칠중하(七重河)에서
응전(逆戰:공격을 받다가 싸우러 나감)을 하여
추장 소모(素牟)를 포로로 잡아(虜獲) 마한으로 보내고,
그 남은 잔당(餘賊)들을 전부 생매장했다.

십일월, 왕이 낙랑의 우두산성(牛頭山城)을 습격하려고 했으나
구곡(臼谷)에 이르자 큰 눈이 내려 돌아왔다.

● 이십 년(서기 2년), 임술(壬戌), 이월,
왕이 큰 제단(大壇)을 설치하고, 하늘과 땅에 제사를 올렸는데
진귀한 새(異鳥) 다섯 마리가 날아왔다.

● 이십이 년(서기 4년), 갑자(甲子), 팔월,
석두(石頭), 고목(高木) 2개의 성(二城)을 쌓았다.

구월, 왕이 기마병 1,000명을 거느리고 부현(斧峴) 동쪽으로
사냥을 갔다가 말갈을 만나 전투(一戰)를 치뤄 말갈을 패퇴시켰다.
포로를 잡아(虜獲生口) 장졸(將士)들에게 나누어 주었다.

● 이십사 년(서기 6년), 병인(丙寅), 칠월,
왕이 웅천책(熊川柵)을 쌓았다.
마한왕(馬韓王)이 사신을 보내 따져 물으며 말하길
"(백제)왕이 처음 황하를 건너(渡河) 왔을 때,
발붙일 곳(容足:두 발을 붙일 곳, 아주 협소한 공간)이 없어,
내가 동북 100리 땅을 떼어 주고, 그곳에 거주하게 해주었는데,
그 대가로 왕은 넉넉하지는 않으나(其待王不爲不厚),
마땅히 그 은혜를 갚을 생각을 해야지,
지금 나라를 만들고 백성을 모으는 것은

十八年庚申十月末昌掩至王帥兵逆戰於七重河
虜獲商長素牟送兩韓其餘賊盡坑之
十一月王欲龍袞樂浪牛頭山城至臼谷遇大雪乃
還
二十年壬戌二月王設大壇親祀天地異鳥五來翔
二十二年甲子八月王等石頭高木二城
九月王帥騎兵一千獵斧峴東遇末昌賊一戰破
之虜獲生口分賜將士
二十四年丙寅七月王作熊川柵馬韓王遣使責讓
曰王初渡河無所容足吾割東北一百里之地安
之其待王不薄不厚宜思以報之今以國完民眾

나의 적(我敵)이 성과 해자(城池)를 크게 설치하고
나의 국경을 침범하는 것과 다를 바가 없다 보는데,
어떻게 생각하는가?"라고 하니,
(온조)왕이 부끄러워서 마침내 그 책(柵)을 부수었다고 한다.

●이십오 년(서기 7년), 정묘(丁卯), 이월,
왕궁의 우물이 사납게 흘러넘쳤다(暴溢),
한성(漢城) 마을(人家)에서 말이 소를 낳았는데, 머리는 하나인데
몸이 두 개였다. 점쟁이(日者)가 말하길 "우물이 사납게 흘러넘치
는 것은 대왕께서 발흥(勃興:갑자기 잘 됨)하실 징조이시고,
소의 머리가 하나인데 몸이 두 개인 것은 대왕께서
인접국을 병합하는 것에 대한 응답입니다."라고 하니
왕이 그 소리를 듣고 기뻐했다.
마침내 진(한), 마(한)을 병합할 마음이 생기셨다.

●이십육 년(서기 8년), 무진(戊辰), 칠월,
왕이 말하길 "마한(馬韓)이 점차 약해지고 있고,
윗사람(귀족, 관료)이나 아랫사람(백성)이나
마음이 떠나고 있으니(上下離心). 그 세력이 오래 갈 수가 없다.
만약 다른 나라에 병합을 당하면, 순망치한(脣亡齒寒)이요
우리가 후회해도 돌이킬 수가 없으니(悔不可及),
그 전에 그것(마한)을 뺏어
훗날 어려움이 없게 만드는 것이 낫다."라고 하셨다.

시월, 왕이 사냥을 하러 나간다고 거짓말을 하고 출병을 해서
마한을 기습하고, 마침내 마한의 국읍을 병합했다(遂併其國邑).

오직 원산(圓山), 금현(錦峴) 2개의 성(二城)만
군건히 지키고 있어 함락하지 못했다(固守不下).

謂莫與我敵大設城池俊犯我封疆其如義何王憨遂壞其栅

二十五年丁卯二月王宮井水暴溢漢城人家馬生牛一首二身曰者曰井水暴溢者大王勃興之兆也牛一首二身者大王并隣國之應也王聞之喜遂有併吞辰馬之心

二十六年戊辰七月王曰馬韓漸弱上下離心其勢不能久儻爲他所併則唇亡齒寒悔不可及不如先人而取之以免後艱

十月王出師陽言田獵潛襲馬韓遂併其國邑唯圓山錦峴二城固守不下

● 이십칠 년(서기 9년), 기사(己巳), 사월,
2개의 성(二城)이 항복했고, 그 백성들을 한산의 북쪽으로 옮겼다

● 이십팔 년(서기 10년), 경오(庚午), 이월,
큰아들(元子) 다루(多婁)를 세워 태자로 삼았다.
내외 병마사를 위임했다(以內外兵馬事).
사월, 서리가 내려서 보리가 해를 입었다.

● 삼십일 년(서기 13년), 계유(癸酉), 정월,
국내(도성)의 백성을 남, 북부(南北部)로 나누었다.

사월, 우박이 떨어졌고, 오월, 지진이 일어났다.

● 삼십이 년(서기 14년), 갑술(甲戌),
왜(倭), 낙랑(樂浪)이 신라를 침입했다.

● 삼십삼 년(서기 15년), 을해(乙亥), 봄, 여름 크게 가물었다.
백성들이 배고파 서로 잡아먹고, 도적질이 많이 일어났다.
왕이 백성들을 안무(撫安之:어루만지다)했다.

팔월, 동서 2개의 부를 추가 설치 했다(加置東西二部).

● 삼십사 년(서기 16년), 병자(丙子), 시월,
마한의 옛 장수 주근(周勤)이
우곡성(牛谷城)을 점거하고 반란을 일으켰다.

二十七年己巳四月二城歸順降移其民於漢山之北

二十八年庚午二月立元子多婁滿太子委以內外兵馬事

三十年隕霜害麥

三十一年癸酉正月分國內民戶為南北部

四月雹五月地震

三十三年乙亥春夏大旱民饑相食盜賊大起王撫安之

八月加置東西二部

三十四年丙子十月馮韓舊將周勤據牛谷城叛王

왕이 몸소 병 5,000명을 이끌고 가 주륵을 토벌했다
주륵은 스스로 목을 매어 죽었다.
그 시체를 요참(腰斬:허리를 베어 죽이다)하고
그의 처자식을 죽였다.

● 삼십육 년(서기 18년), 무인(戊寅), 칠월,
탕정성(湯井城)을 쌓고,
대두성(大豆城) 민호(民戶:민가)를 나누어 탕정성에 살도록 했다.
팔월, 원산(圓山), 금현(錦峴) 2개의 성을 보수했고,
고사부리성(古沙夫里城)을 쌓았다.

● 삼십칠 년(서기 19년), 기묘(己卯), 삼월,
우박이 내렸는데 크기가 달걀만 했다(雹如鷄子).
새떼가 맞아서 죽었다
사월부터 유월까지 가물었다.
유월에 마침내 비가 내렸다.

한수 동북 마을의 가뭄으로(漢水東北部落饑荒)
고구리로 도망간 사람이 1,000여 가족이 되고,
패(浿), 대(帶) 사이는 비워져 사는 사람이 없었다.
(浿帶之間空無居人).

● 삼십팔 년(서기 20년), 경진(庚辰), 이월,
왕이 동쪽으로는 주양(走壤), 북쪽으로는 패하(浿河)까지
순무를 하러 가서 50일이 돼서야 돌아왔다.

躬率兵五千討之圖勒目經腰斬其尸竝誅其妻
子

三十六年戊寅七月籤湯井城分大豆城民戶使居
之

八月修葺圓山錦峴二城

籤古沙夫里城

三十七年己卯三月雹大如鷄子鳥雀遇者死

四月旱至六月乃雨漢水東北部落饑荒三入

高句麗者一千餘戶浿帶之間空無居人

三十八年庚辰二月王巡撫東至走壤北至浿河五
旬而返

삼월, 사신을 보내 농사와 길쌈을 권장했다.
이제 그것(굶지 않고 먹고, 입는 것)이 중요한 일이 되지 않자
백성들의 근심이 모두 사라졌다. (擾民者皆除之).

시월, 큰 단(大壇)을 쌓고 하늘과 땅에 제사를 지냈다.

● 사십 년(서기 22년), 임오(壬午), 구월,
말갈이 술천성(述川城)을 공격해왔다.

십일월, 다시 말갈이 부현성(斧峴城)을 습격해서
100여명을 살략(殺掠:사람을 죽이고 재물을 빼앗음) 했다.
왕이 경기(勁騎:정예 기마병) 200명을 보내, 말갈을 격퇴했다

● 사십일 년(서기 23년), 계미(癸未), 정월,
우보(右輔) 을음(乙音)이 사망했다.

북부 해루(解婁)를 우보로 삼았다(拜北部解婁爲右輔).
해루는 부여 사람이다.
신식이 깊고 오묘하며(神識淵奧), 나이는 70이 넘었으나
힘이 있고, 부정한 것이 없어 그를 등용했다.

이월, 한수동북부(漢水東北部) 모든 마을인 15세 이상을
징발(소집)하여 위례성을 보수하도록 했다.

● 사십삼 년(서기 25년), 을유(乙酉), 팔월,
왕이 아산 벌(牙山之原)로 사냥을 5일(五日)간 나갔다.

三月發使勸農桑其以不急之事擾民者皆除之
十月築大壇祀天地
四十年壬午九月末曷來攻述川城 述川 一云主夫吐郡 十一月又襲斧峴城殺掠百餘人王命勁騎二百拒擊之
四十一年癸未正月右輔乙音卒
二月以棃部解婁為右輔解婁扶餘人也神識淵奧年過七十膂力不愆故用之
二月發漢水東北諸部落人年十五歲已上修葺慰禮城
四十三年乙酉八月王田牙山之原五日

구월, 큰기러기(鴻鴈) 100여 마리가 왕궁에 모였다.
점쟁이가 말하길 "큰기러기는 백성의 형상입니다.
장차 멀리 있는 사람이 와서 투항할 것입니다."라고 했다.

시월, 남옥저(南沃沮) 구파해(仇頗解) 등 20여 가구(二十餘家)가
부양(斧壤)에 이르러 귀순(納款:온 마음을 다하여 복종함)을 했다.
왕이 귀순을 받아들이고, 한산의 서쪽에 안치시켰다.

● 사십사 년(서기 26년), 병술(丙戌), 시월,
고구리 왕 대무신(大武神)이 친히 개마국(蓋馬國)을 정벌했다.
개마국의 왕을 죽이고, 백성들을 위로(慰安)하고
노략(擄掠)질을 금지하고, 그 땅을 군현(郡縣)으로 삼았다.

십이월, 구다국(句茶國) 왕이
개마국이 멸망했다는 소식을 듣고는,
나쁜 일을 당할까 겁이 나(懼害及) 나라를 통째로
고구리에 바치며 항복했다.

● 사십오 년(서기 27년), 정해(丁亥), 봄, 여름에
크게 가물어 초목이 타들어 가고 말랐다.
동짓달(冬月) 지진이나 백성의 집들(人屋)이 넘어졌다.

● 사십육 년(서기 28년), 무자(戊子), 이월, 왕이 승하하셨다.

將九月鴻鴈百餘集王宮曰者曰鴻鴈民之象也將
有遠人來投者乎
十月南沃沮仇頗解等二十餘家至斧壤納欵王
納之安置漢山之西
四十四年丙戌十月高句麗王大武神親征蓋馬國
殺其王慰安百姓毋虜掠但以其地爲郡縣
十二月句茶國王聞蓋馬滅懼害及己舉國以降
于高句麗
四十五年丁亥春夏大旱草木焦枯冬月地震傾倒
人屋
四十六年戊子二月王薨

마한(馬韓) 54개국(五十四國)에 따르면 백제국(伯濟國)이 있었다.

마한 왕이 백제의 왕(百濟)에게 꾸짖어 말하길
"(백제)왕은 처음 황하를(渡河)를 건넜을 때 발붙일 땅도 없어
내가 동북 100리의 땅을 주며 그곳에 살게 해주었다."
라고 했다. 말하자면
백제는 마한의 동북에서 시작된 것이 분명하다는 것이다
(云 百濟之起於馬韓東北明矣).

제(濟)란 글자는 '제수'(齊水:물을 다스린다.)이다.

온조(溫祚) 비류(沸流)의 이름은 모두가 온하(溫河)에서
따온 것이다. 지금의 백두산(白頭山) 북쪽이 온하(溫河)의 땅이다.
모두가 그곳이 고향이다.

남쪽으로 두만(豆滿), 압록(鴨綠)을 건넜고, 그래서 왕이
함경(咸鏡), 평안(平安) 사이에 '많은 물(多水,큰물)'이 있어
백제(百濟)라고도 칭했다.
백(百)자는 본래 '수(數)'를 뜻하는 것이 아니고 '크다'라는 뜻이다
그래서 '백(伯:맏백,클백)'자 또한 (사용) 가능한 글자이다

후세 사람은 '많은 물'이라고 그것을 풀이 했다(後人以多水解之).
그런 이유로 '백(百)'이라고 고쳤다.
십제(十濟)라는 설은 아마도 이치에 맞지 않은 것 같고,
제수(齊水) 뜻은 본래 건넌다는 뜻이 아니다(齊水之義本非渡也).
물의 신에게 제사를 지낸다는 뜻이다(祭水之神也).

백제의 뜻은 태산(太山)과 더불어 안팎으로
서로 조화를 이룬다는 뜻이다. (百濟之義與太山相表裏矣).
웅진(熊津)은 큰 내(大川)라는 뜻이다. 모두가 백제와 뜻이 같다.

이것은 모두 옛 도사(陰陽家:천문,역술을 하는 사람)에게 비밀리에
전해오는 말이라, 요즘 사람들 대부분은 이해하지 못한다.
그래서 쉬운 뜻만으로 해석할 뿐이다.

按馬韓五十四國有伯濟國馬韓王責百濟王曰
王初渡河無所容足吾割東北百里之地安之云
百濟之起於馬韓東北明矣濟之為字齊水也溫
祚沸流之名皆取於溫祚河今白頭山北溫祚河之地
蓋其鄉也南渡豆滿鴨綠兩王於咸鏡平安之間
鴨綠豆滿之間多水可稱百濟也百字不非數而
大之義故伯字亦可英接人以多水解之故改以
百也十濟之說恐不當英辭水之義本非渡也祭
水之神也百濟之義與太山相表裏矣熊津大川
皆與百濟義相同此皆古陰陽家秘傳之說而今
人多不解故只取平易之義而已四

비류왕(沸流王)

아버지(父)는 북부여 해부루 서자의 아들(庶孫) 우태(優臺)이다.
졸본인 연타발(延陀勃)의 딸 소서노와 결혼을 해서
비류2) 와 온조를 낳고 죽었다.
주몽(朱蒙)이 부여에서 난을 피해 왔는데 소서노가 주몽을 맞이해
남편으로 삼았고, 가산을 털어(傾財) (창)업 성공을 도와,
마침내 고구리국을 세웠다.
주몽은 비류와 온조를 자기 자식과 같이 사랑했다.

주몽의 아들 유리(類利)가 부여에서 와서
아버지(주몽)를 대신했다.

비류가 동생 온조에게 말하길
"우리 어머니께서 대업(大業:나라를 세움)을 이루시게 도우셨는데, 나라가 유리에게 넘어갔으니 우리는 쓸모없는 혹이구나,
어머니를 모시고 남행하여 따로 새 나라를 세우느니만 못하구나."
라고 하자 온조가 그렇게 하는 것에 동의했다.

그리하여 오간(烏干), 마리(馬黎) 등 10명의 신하와 같이
그 무리(黨類)를 이끌고
패(浿), 대(帶) 2개의 강을(二水)를 건너
미추홀에 이르러 그곳에 거처했다.

동명 묘3)(東明廟)를 세우고, 국호를 백제4)라고 했다.

---

2) 온수를 신으로 모신다. 그래서 이름이 비류이다
   (以溫水爲神 故名沸流也)
3) 부여의 신이다(扶餘神也)
4) 제(濟)는 물에 제사를 지내는 것이고, 제(濟)라고 부르는 것은
   물가에 살기 때문이다. '백'자는 크다란 뜻이다.
   (濟者祭水也, 以濟爲號者居於水邊故也 百者大也)

34

沸流王

父曰北扶餘解扶婁之庶孫優台也娶卒本人延陁勃之女名召西奴而生沸流故名沸流也而卒朱蒙自扶餘避難而至召西奴迎之爲夫人傾財而助其業遂建高句麗國朱蒙薨沸流温祚如已子及朱蒙之親子孺利自扶餘來代其父沸流謂弟温祚曰我母助成大業而國敗類利吾等贄宛也不如奉母南行別立新國温祚諾之乃與鳥干馬黎等十臣率共黨類而渡浿江至漢二水至于彌鄒忽而居之

東明廟神扶餘也而國號曰百濟濟者祭水邊也故曰百濟大也

● 이 년 (서기전 17년), 갑진(甲辰), 정월,
군신들과 함께 회의하며 말하길
"말갈(靺鞨)은 우리의 북쪽 변방에 맞닿아 있으며
빠르고 많은 술책을 쓰는데, 병사들을 잘 준비시키고,
군량미를 축적하며 변경을 지켜라"고 했다.

삼월, 족부(族父) 을음(乙音)을 우보(右輔)로 삼고,
군마를 키우는 일을 맡게 했다.

● 삼 년(서기전 16년), 을사(乙巳), 구월,
말갈이 북변을 침략하자 왕이 정병(勁兵)을 이끌고 바로 공격해서
말갈을 대파했다. 살아서 돌아간 자가 열에 한 둘뿐이다.

● 사 년(서기전 15년), 병오(丙午),
봄, 여름 가물어서 기근과 역병이 돌았다.
팔월, 사신을 낙랑(樂浪)으로 보내 화친을 맺었다.

● 오 년(서기전 14년), 정미(丁未), 시월,
북변을 순무(巡撫:여러 곳을 다니며 백성을 어루만지고 달램)하고,
신록을 사냥해서 잡았다.

● 팔 년(서기전 11년), 경술(庚戌), 이월,
말갈(靺鞨) 3,000명이 와서 위례성을 포위했다.
성문을 닫았다. 십 일이 지나도 가지 않았다.
식량이 떨어지길 기다리자 돌아갔다.
예졸(銳卒:정예 병사)을 선발해 대부현(大斧峴)까지 추격해
500여명을 살략(殺掠:사람을 죽이고 재물을 빼앗다)했다.

二年甲辰正月與群臣議曰靺鞨連我北境勇而多
詐冠繕兵積穀而推守之靺鞨者豆漏江
三月以族父乙音爲右輔委以兵馬之事

三年乙巳九月靺鞨侵北境王帥勁兵急擊大破之
其生還者十之一二

四年丙午春夏旱饑疫

五年丁未十月巡撫北邊獵獲神鹿
八月遣使樂浪修好樂浪在東南亦與靺鞨相
爭故百濟欲引之爲援也

八年庚戌二月靺鞨三千來圍慰禮城慰禮城二水也都
閉門經旬不出待其糧盡而歸簡銳卒追及大斧
峴北青厚殺虜五百餘人

칠월, 마수성(馬首城), 병산책(瓶山柵)을 쌓아서
낙랑(樂浪)과 관계가 틀어졌다.

● 십 년(서기전 9년), 임자(壬子), 구월,
왕이 사냥을 나가 신록을 잡아서, 마한으로 보냈다.5)

시월, 말갈이 북쪽 변방을 노략질하자
왕이 병사 200명을 보내 곤미천(昆彌川)에서 적을 막아 싸웠으나
(拒戰) 무참히 패했다(敗績).
청목산(靑木山)에서 방어하고 있었다.
왕이 친히 정예 기마병 100명을 이끌고 봉현(烽峴)으로 나와
그들을 구출하자 적들은 바로 퇴각했다.

● 십일 년(서기전 8년), 계축(癸丑), 사월,
낙랑이 말갈을 부추겨 병산책(瓶山柵)을 기습하여 부수고,
100여 명을 죽였다.

칠월, 독산(禿山), 구천(狗川), 2개의 책(兩柵)을 설치하고,
낙랑이 침입해오는 길을 막았다.

---

5) 말갈, 낙랑과 사이가 틀어졌다. 그리하여 마한과 화친을 맺었다
(與靺鞨樂浪失和,故與馬韓修好)

七月築馬首城翰城瓶山柵平山城明川永與樂浪失和
百濟同三水出鏡城立城柵以備靺鞨築浪自
馬首地而築之百濟不聽故請一戰以決勝負以
十年壬子九月王出獵獲神鹿以送馬韓築浪
與馬韓築浪失和故
修好
十月靺鞨寇北境王遣兵二百拒戰於昆彌川上
似今順川而敗績依靑木山鏡城而自保王親帥精
騎一百出烽峴救之賊乃退
十一年癸丑四月樂浪使靺鞨襲破瓶山柵殺掠一
百餘人
七月設禿山狗川兩柵太厚致岑赴戰以塞樂浪來
侵之路

● 십삼 년(서기전 6년), 을묘(乙卯), 이월,
노파(嫗)가 남자로 변했다.
다섯 마리의 호랑이가 성으로 들어왔다.
왕의 어머니 소서노(召西奴)가 승하하셨다. 나이 61세였다.

오월, 왕의 동생 온조(溫祚)가
한산(漢山) 아래로 놀러 나가서(出遊) 그 신하에게 말하길
"말갈(靺鞨), 낙랑(樂浪)이 계속 도읍을 침범하고,
요상(妖祥: 괴이하고 길하다)한 것이 여러 차례 보이더니
국모가 돌아가셨다.

이곳의 땅은 기름지고 살기가 적당한 것 같은데
형님 왕(兄王, 비류)께서는 수도를 옮기실 뜻이 없는 것 같다.
우리가 백성들을 나누어 이 땅에서 사는 것이 어떠하겠는가?"
하니 무리가 동의했다.

칠월, 온조가 한산(漢山) 아래에 책(柵)을 세우고,
나누어 사는 것을 요청하자(請分居),
비류 왕이 허락하고, 위례성 백성을 나누어 온조에게 주었다.

팔월, 온조가 마한(馬韓)에 사신을 보내 이주(移居)를 보고하고,
변경의 땅을 빌려 달라고 요청했다(請借邊地).

● 십오 년(서기전 5년), 병진(丙辰), 정월,
온조가 한산 아래에 새 수도를 정했다.

十三年乙卯二月孺化爲男五虎入城
王母召西奴薨年六十一
五月王弟溫祚出遊漢山下䝔林謂其臣曰靺鞨
樂浪連侵王都妖祥累見國母棄養此地膏腴可
居而兄王無遷都之意吾等分衆居此地何如衆
曰諾
七月溫祚立柵於漢山下請分居王許之分慰禮
城民戶與之
十八月溫祚遣使馬韓告移居而請備邊地
十四年丙辰正月溫祚定新都於漢山下
邊地以備靺鞨

이월, 온조(溫祚)가 그 새 마을을 순무하고, 농사를 권장했다.

칠월, 한수(漢水) 서북(西北)에 성을 쌓고,
새 수도의 백성을 나누어 그곳으로 가서 지키게 했다.

● 십오 년(서기전 4년), 정사(丁巳), 정월,
온조(溫祚)가 궁궐을 지었다.
검소하지도, 사치스럽지도 않았다.
(비류)왕에게 안락(晏樂:편안하게 살자고)을 부탁했다.

비류 왕이 새 수도가 정립(鼎立)된 것을 보며,
물에 둘러싸여 있는(洞殘:물에 둘러싸여 남아있다) 미추홀을
부끄러워하며 돌아갔다.

● 십칠 년(서기전 2년), 기미(己未), 봄,
낙랑이 침입하여 위례성을 불태웠다.
비류 왕이 싸웠으나 패하고, 걱정과 화가 나서(憂懣) 승하하셨다.

왕의 동생 온조가 그 백성을 모아, 왕위를 이었고,
새 수도를 위례성으로 했다.6)

온조왕(溫祚王)

비류왕의 동생이다(沸流王母弟也).
온조의 뜻과 비류는 서로 같다.
부모에 대한 효심과 형제간의 우애(孝友)가 깊으며,
백성들을 잘 다스리고,

---

6) 다른 기록에는 비류는 갑술생(서기전 47년)으로 46세까지 살았고,
온조는 정축생(서기전 44년)으로 나이 72세까지 살았다.

八年月溫祚巡撫其新都落以勸農事

十七月築城於漢水西北分新都民往守之大漢水江渚
之出狼琳郡地比時篩城似鍮轢峨地寄山也

十五年丁巳正月溫祚作宮室不侈不儉請王宴衆
王見新都踧踖而彌鄒恐凋殘而有慚色而故
慰禮城

十七年己未春樂浪來侵焚慰禮城

十八年彌鄒王弟溫祚統其衆而繼立為王以新都為
慰禮城

二

溫祚王

沸流王母弟也溫祚之意與沸流相同 孝友善御

뛰어난 재능과 웅대한 책략(雄略)이 있었다.

● 원년(서기전 2년), 기미(己未), 사월, 국모의 사당을 세웠다.

● 이년(서기전 1년), 경신(庚申), 시월,
말갈이 기습했다.
왕이 병사를 이끌고 칠중하(七重河)에서 전투했다.
그 추장(酋長) 소모(素牟)를 포로로 잡아
마한으로 보내고, 그 남은 무리들을 매장했다.(坑其餘衆)

십일월, 왕이 낙랑의 우두산성(牛頭山城)을 습격하고자
구곡(臼谷)에 이르렀지만, 큰 눈(大雪)이 내려 돌아왔다.

● 사 년(서기 2년), 임술(壬戌), 이월,
큰 단(大壇)을 설치하고 하늘과 땅에 제사를 지냈다.
기이한 새(異鳥) 다섯 마리가 날아왔다.

● 육 년(서기 4년), 갑자(甲子), 팔월,
석두(石頭), 고목(古木) 2개의 성을 쌓았다.

구월, 왕이 기마병(騎兵) 1,000명을 이끌고,
부현(斧峴) 동쪽으로 사냥을 나갔다가
말갈(靺鞨)을 만나 전투를 벌여 말갈을 쳐부수고,
포로(生口)를 잡아서 장졸(將士)들에게 나누어 주었다.

● 팔 년(서기 6년), 병인(丙寅), 칠월,
웅천책(熊川柵)을 지었다.

衆有雄略

元年己未四月立國母廟

二年庚申十月靺鞨掩至王帥兵戰於七重河敗蹟北蹟
境唐江邊其酋長素牟以送馬韓而坑其餘衆
也流沙

十一月王欲龍梁浪牛頭山城咸興草至泣谷遇
大雪而還

四年壬戌二月設大壇祀天地興鳥五來翔

六年甲子八月筭石頭高木二城

九月王帥騎兵一千獵於斧峴東遇靺鞨一戰破
之獲其生口分賜將士

八年丙寅七月作熊川柵似今登州能成江爲熊
川者多作

마한(馬韓) 왕이 그것을 꾸짖으며 말하길
"(백제)왕이 처음 황하를 건넜을 때(渡河) 발붙일 땅도 없어,
내가 동북 100리의 땅을 떼어
그곳에서 편하게 살게(安之) 해줬더니, 지금 나라를 강하게 만들고
백성을 모아 큰 성과 해자(城池)를 만들면서
나의 봉토(封疆)를 침범하는 것은 무슨 뜻인가?"라고 물으니
(온조)왕이 부끄러워하고 그 일을 사죄했다.

● 구 년(서기 7년), 정묘(丁卯), 이월,
왕궁의 우물이 갑작스럽게 흘러넘쳤다.
말이 소를 낳았는데 몸은 두 개요 머리는 하나이다.
점쟁이(日者)가 말하길
"우물이 넘치는 것은 대왕이 갑자가 일어나서 잘된다는(勃興)
징조이고, 말이 소를 낳은 것은 대왕이 이웃 나라를 병탄(倂呑)
한다는 징조입니다.
몸이 두 개란 것은 진한의 말(辰馬)[7]입니다."라고
하자 왕이 그 소리를 듣고 크게 기뻐했다.

● 십 년(서기 8년), 무진(戊辰), 칠월, 마한은 점차 쇠약해졌고,
(지위가) 높은 사람이나 아랫사람들이나 마음이 떠났다.
왕은 마한이 오래 갈 수 없다는 것을 알고, 군신(群臣)들에게 이르
러 말하길 "만일 남에게 병합을 당한다면(儻爲他所幷) 순망치한
(脣亡齒寒)이니 미리 그것(마한)을 취하여 후에 후회를 없애는 것
만 못하다."라고 하며, 장졸들에게 명령해 병합할 준비를 했다.

시월, 왕이 거짓으로 사냥을 나간다고 하며, 은밀히
출사했고(潛師) 마한을 습격하여
그 국읍(國邑:나라와 땅)을 병합했다.

오직 원산(圓山)

---

[7] 이때 신라는 백제와 서로 인접하지 않았다. 진마(辰馬)라고 하는 것은
낙랑(樂浪)을 진한(辰韓)이라고 하는 것이다.
(此時新羅未與百濟相隣而以爲辰馬者以樂浪爲辰韓者也)

熊州今之漢江臨津馬韓王青之曰王初渡河無木捕熊津者明矣
千所襄足春到東北百里之地安之今以國亮民聚
大說城池侵我封疆其如義何王慙而謝之
九年丁卯二月王宮井水暴溢馬生牛一身一首曰
者曰井溢者大王勃興之兆也馬生牛一身二首者大王并
吞薩國之兆也此時新羅來與百
馬菩薩韓蒼也濟相隣而以為辰
馬辰韓以剽掠為他所并則唇亡齒寒不如先人取之
十年戊辰七月馬韓漸弱上下離心王知其不久謂
群臣曰償為他所并則唇亡齒寒不如先人取之
無至後悔乃命將士備之
十月王陽言出獵而潛師襲馬韓併其國邑唯圓

금현(錦峴) 2개의 성은 굳게 지키고 함락되지 않았다.

•십일 년(서기 9년), 기사(己巳), 사월, 2개의 성이 함락되었다.
그 백성을 한산의 북쪽으로 이주시켰다.
마한이 마침내 망했다.8)

•십이 년(서기 10년), 경오(庚午), 이월,
큰아들(元子)을 다루(多婁)로 세우고 태자(太子)로 봉했다.
병사(兵事)를 위임했다.

•십오 년(서기 13년), 계유(癸酉), 정월,
국내를 나누어 남북(南北) 2개의 부(二部)로 만들었다.

•십칠 년(서기 15년), 을해(乙亥),
봄, 여름 가뭄이 들어 백성이 굶주렸다.
왕이 백성들을 돌아보며 어루만졌다(巡撫)

팔월, 동서(東西) 2개의 부(二部)를 추가 설치했다.

•십팔 년(서기 16년), 병자(丙子), 시월,
마한의 옛 장수 주근(周勤)이 모반을 하고,
우곡성(牛谷城)을 점거했다.
왕이 몸소 5,000명의 병사를 이끌고 반란을 토벌하고,
주근은 패하여, 자살(自經)했다.
왕이 그 처자를 죽였다.

---

8) 여기서 말하는 마한은 마한의 남부이다.
  그 북부는 아직 멸망하지 않았다. 그리하여 후에 미한을 볼 수 있다.
  (按此所謂馬韓者,馬韓之南部也, 其北部則尙不滅,故後見馬韓也)

十一年四月二城下移其民於漢山之北馬韓遂亡
接此所謂馬韓者南韓也
其北則尚未滅故後見馬韓之
十七月等大豆山城以置馬韓于今平壤
寧遠至戌川江東而移都于今平壤
此皆漢水流域也
十二年庚午二月立元子多婁為太子委以兵事
十五年癸酉正月分國內為南北二部
十七年乙亥春夏旱民饑(王巡撫之)
八月加置東西二部
十八年丙子十月馬韓舊將周勤叛據牛谷城似今正山
王躬率五千兵討之勤收首經王殺其妻子

● 이십 년(서기 18년), 무인(戊寅), 칠월
탕정성(湯井城)을 쌓고, 대두성(大豆城)의 백성을 나누어,
탕정성을 지키게 했다.

팔월, 원산(圓山), 금현(錦峴) 2개의 성을 보수하고,
옛 사부리성(古沙夫里城)을 쌓았다.

● 이십일 년(서기 19년), 기묘(己卯), 삼월, 우박이 내렸다.

사월, 가뭄이 들어 한수(漢水) 동북부에서 굶어 죽자
고구리 땅으로 들어간 자가 1,000여(一千餘) 가구(戶)이고,
패(浿), 대(帶) 사이가 비워져 사는 사람이 없었다.

● 이십이 년(서기 20년), 경진(庚辰), 이월,
왕이 동으로는 주양(走壤), 북으로는 패하(浿河)까지
순행하고 50일 만에 돌아왔다.

삼월, 사신을 보내 농사를 권장하고,
급하지 않은 부역은 하지 말라고 명령했다.

시월, 큰 단을 쌓고, 하늘과 땅에 제사를 지냈다.

● 이십사 년(서기 22년), 임오(壬午),
말갈이 와서 술천성(述川城)을 공격했다.

십일월, 말갈이 부현성(斧峴城)을 습격해서, 100여 명을 죽이고
약탈했다. 왕이 경기(勁騎:정예 기마병) 200명에게 명령해
말갈을 격퇴(擊退)했다.

二十年戊寅七月築湯井城岭今平分大豆城民守之
八月修圓山錦峴二城築古沙夫里城岭今延
二十一年己卯三月雹四月旱漢水東北部饑人八
高句麗者一千餘戶浿帶之間空無居人
二十二年庚辰二月王東巡至走壞山今安邊谷北至
浿河五旬而還
三月發使勸農事命除不急之役
十月築大壇祀天地
二十四年壬午靺鞨來攻述川城浿川城乙
十一月靺鞨襲斧峴城殺掠百餘人王命勁騎二
百擊退之

● 이십오 년(서기 23년), 계미(癸未), 정월,
우보(右輔) 을음(乙音)이 사망했다.
북부 해루(解婁)를 우보로 삼았다.
해루는 부여 사람9)이고, 나이는 70이 넘었으나
힘(膂力)과 신통한 지식(神識)을 갖추고 있다.

이월, 한수(漢水) 동북의 모든 마을인 15세 이상을 징발해
위례성을 수리하게 했다.

● 이십칠 년(서기 25년), 을유(乙酉), 팔월,
아산(牙山) 벌판으로 5일(五日)간 사냥을 갔다.

구월, 큰기러기(鴻鴈) 100 여 마리가 왕궁으로 모였다.
점쟁이가 말하길 "큰기러기는 백성의 형상입니다.
장차 멀리 있는 사람들이 와서 투항할 것입니다." 라고 했다.

시월, 남옥저(南沃沮), 구안해(仇顔解) 등 20여 가구가
부양(斧壤)에 이르러 귀순하자(納款:온 마음을 다해 복종함)
한산(漢山)의 서쪽에 거처하도록 명했다.

● 이십구 년(서기 27년), 정해(丁亥), 시월,
지진이 나서 집들(人家)이 쓰러졌다.

● 삼십 년(서기 28년), 무자(戊子), 이월, 왕이 승하하셨다.

---

9) 졸본(卒本)

二十五年癸未正月右輔乙音卒拜北部解婁為右輔解婁扶餘人辛年過七十而有膂力神識
二月發漢水東北諸部落人年十五以上修營壘禮城
二十七年乙酉八月日有山從之原五日
九月鴻鴈百餘集王宮日者曰鴻鴈者民之象也將有遠人來投者乎
十月南沃沮鷰縣江雨今大掛山仇頗解等二十餘家至斧壤平壤斧納款命置漢山之西
二十九年丁亥十月地震傾倒人家
三十年戊子二月王薨

다루왕(多婁王)

다루왕은 마루(馬婁)라고 읽어야 하고,
산과 벌(山原)을 취한다는 뜻이다.

온조왕(溫祚王)의 큰아들로 용모(器宇)가 빼어나고,
성품이 너그럽고 두터우며(寬厚), 위엄과 명망(威望)이 있다.

●이 년(서기 29년), 기축(己丑), 정월,
시조묘(始祖廟)를 알현했다.
이월, 왕이 남단(南壇)에서 하늘과 땅에 제사를 지냈다.

●삼 년(서기 30년), 경인(庚寅), 시월,
마수산(馬首山) 서쪽에서 동부 흘우(屹于)가
말갈과 전투하여 이겼다. 아주 많은 무리를 죽이고 붙잡았다.
왕이 기뻐하며 흘우(屹于)에게
말 10마리와 조(租) 500석을 상으로 내렸다.

●사 년(서기 31년), 신묘(辛卯), 팔월,
고목성(高木城) 곤우(昆優:장군명)가
말갈과의 전투에서 크게 이기고, 200여 명을 참수했다.

구월, 왕이 횡악(橫嶽)의 아래에 사냥을 나가 연속해서
한 쌍의 사슴을 명중시키자 많은 사람이 감탄하며 찬미했다.

●오 년(서기 32년) 임진(壬辰) 사월,
고구리(高句麗)가 낙랑(樂浪)을 습격하여 격파했다.

多婁王

多婁王當讀馬婁取山原之義也溫祚王元子器宇寬厚有威望

二年己丑正月謁始祖廟

二月王祀天地於南壇

三年庚寅十月東部屹于與靺鞨戰於馬首山岥山西克之殺獲甚眾王喜賞屹于馬十匹租五百石

四年辛卯八月高水城昆優與靺鞨戰大克斬首二百餘級

五年壬辰四月高句麗襲破樂浪按高句麗大武神

九月王田於橫岳下連中雙鹿眾人歎美之

十五年四月王于

왕자 호동이 낙랑 왕 최리(崔理)의 딸에게 장가를 들어
그 북과 자명고를 훔쳐 고구리의 근심이 된 낙랑(樂浪)을 습격하여 격파했다.

•육 년(서기 33년), 계사(癸巳), 정월,
큰아들 기루(己婁)를 세워 태자로 삼고, 대사면(大赦) 했다.
이월, 국남주(國南州) 군(郡)에 명령을 내려
논(稻田) 경작을 시작했다.

•칠 년(서기 34년), 갑오(甲午), 이월,
우보(右輔) 해루(解婁)가 사망했다.
나이 90세이다. 동부 흘우(屹于)를 우보로 삼았다.

사월, 동방(東方)에
적기(赤氣:붉은 기운, 서쪽이 불같이 뜨거운 기운을 가리킴)
가 있었다.

구월, 말갈이 마수성(馬首城)을 공격해 함락시켰다.
불을 지르고 마을을 태웠다.

시월, 말갈이 병산책(瓶山柵)을 습격했다.

•구 년(서기 36년), 병신(丙申), 팔월,
낙랑이 신라의 북변을 침략하고, 독산성을 함락했다.

•십 년(서기 37년), 정유(丁酉), 시월,
흘우(屹于)를 좌보(左輔)로,
북부 진회(眞會)를 우보(右輔)로 삼았다.
십일월, 지진이 났는데 소리가 천둥소리와 같았다.

好童要樂浪王崔理女竊其說角而龍袍破之恩以
爲此柴浪與百濟東瀆之樂浪不同崔理樂浪且
松花江流域今滿洲地也
一屬郡而百濟新羅醫食之其地東入於樂辰韓之
                       浪兩國矣

六年癸巳正月立元已婁爲太子大赦
二月下令國南州郡始作稻田
七年甲午二月右輔解婁卒年九十以東部屹于爲
右輔
四月東方有赤氣
九月靺鞨攻陷馬首城放火燒民廬
十月靺鞨襲瓶山柵
十年丁酉十月屹于爲左輔北部真會爲右輔
十一月地震聲如雷

● 십일 년(서기 38년), 무술(戊戌), 가을, 곡식이 여물지 않았다.
그래서 개인적으로 백성들이 술 빚는 것을 금지 시켰다.

시월, 왕이 동서 2개의 부(二部)를 방문했다. 가난해서(民貧)
스스로 살아갈 수 없는 자들에게 곡식 2석을 내렸다.

● 십칠 년(서기 44년), 경자(庚子), 구월,
신라와 맥이 싸우지 않고 사이가 좋았다.

● 이십일 년(서기 48년), 무신(戊申), 이월,
궁중의 큰 홰나무(槐樹)가 자연히 말랐다.
삼월, 좌보(左輔) 흘우(屹于)가 죽었다.
● 이십팔 년(서기 55년), 을묘(乙卯), 봄, 여름
가뭄이 들었다. 죄수를 생각해주어 죽을죄를 사면했다.

팔월, 말갈이 북쪽 변방을 침략했다.

● 이십구 년(서기 56년), 병진(丙辰), 이월,
동부(東部)에 명령해 우곡성(牛谷城)을 쌓고
말갈(靺鞨)을 대비하도록 했다.

● 삼십 년(서기 57년), 정사(丁巳,) 시월,
석탈해(脫解)가 신라왕이 되었다(脫解立)

● 삼십사 년(서기 61년), 신유(辛酉), 팔월,
마한 장수 맹소(孟召, ?~?)가
복암성(覆岩城)을 신라(新羅)로부터 뺏았다.
신라 탈해왕 오년 팔월, 복암성이 신라에 들어갔다. 마한의 잔당이 아직
평정되지 않았다.

● 삼십육 년(서기 63년), 계해(癸亥), 시월,
영토를 낭자곡성(娘子谷城)까지 넓혔다.
신라에 회맹을 요청했으나 신라가 따르지 않았다.

十一年戊戌秋穀不成禁民私釀酒
十月王巡康西二部給民不能自存者穀二石
二十一年二月戊申二月宮中大槐樹自枯
二十三年左輔跂于卒
二十八年乙卯春夏旱慮囚赦死罪
八月鞨鞨侵北鄙
二十九年丙辰二月命康部等牛谷城以備鞨鞨
三十四年辛酉八月馬韓將孟召以覆巖城降于新
羅按新羅駕觧未平也震巖城宜在安登于新羅馬韓地矣
三十六年癸亥十月拓地至娘子谷城伊山王請會
新羅之不從

● 삼십칠 년(서기 64년), 갑자(甲子),
신라 와산성(蛙山城)을 공격했으나 이기지 못했다.
구양성(狗壤城)으로 이동하여 공격했으나
신라가 기마병 2,000명을 보내 역습(逆戰)을 해
우리 군이 패했다.

● 삼십구 년(서기 66년), 병인(丙寅),
신라 와산성(蛙山城)을 공격해 빼앗았다.
200명을 남겨 와산성을 지키도록 했으나
곧 신라에게 패했다.

● 사십삼 년(서기 70년), 경오(庚午),
병력을 보내 신라를 침공했다.

● 사십칠 년(서기 74년), 갑술(甲戌), 팔월,
장수를 보내 신라를 침공했다.

● 사십팔 년(서기 75년), 을해(乙亥), 시월
다시 와산성(蛙山城)을 공격해 함락시켰다.

● 사십구 년(서기 76년), 병자(丙子),
신라의 습격으로 와산성(蛙山城)을 뺏겼다.
성을 지키던 병졸 200여 명이 죽었다.

● 오십 년(서기 77년), 정축(丁丑), 구월, 왕이 승하하셨다.10)

---

10) 팔월 신라가 가야와 검산(芡山)에서 싸우다가 탈출했다.
 (八月羅與加耶戰於芡山脫之)

三十七年甲子攻新羅蛙山城_{伊川葛山}不克移攻
狗壤城_{高原郡文川德寧驛}新羅發騎兵二千逆擊
我軍敗

三十九年丙寅攻取蛙山城留二百人守之尋爲新
羅所敗

四十三年庚午遣兵侵新羅

四十七年甲戌八月遣將侵新羅

四十八年乙亥十月又攻蛙山城拔之

四十九年丙子蛙山城爲新羅所襲取守卒二百餘
人死之

五十年丁丑九月王薨

기루왕(己婁王)

기루왕(己婁王)은 당연히 가을(加乙)이라 해야 한다
(己婁當作加乙). 개구리를 잡는다는 뜻이다(取蛙之義也).
다루왕(多婁王, ?~77)의 큰아들이며, 웅지와 지식이 크고
넓으며 (宏遠) 자질구레한 일에 마음을 두지 않았다(不留心細事).

- 구 년(서기 85년), 을유(乙酉), 정월,
병사를 보내 신라의 변경을 침략했다.

- 십일 년(서기 87년), 정해(丁亥),
신라가 가구(加久), 후항(厚項) 2개의 성을 쌓았다.

- 십삼 년(서기 89년), 기축(己丑), 유월,
지진으로 땅이 갈라져 집들이 쓰러져 들어가고 죽은 자가 많았다.
- 십사 년(서기 90년), 경인(庚寅), 삼월, 가물었다. 보리농사가
흉년이 들었다(無麥). 유월, 태풍으로 나무가 뽑혔다(大風拔木).
- 십칠 년(서기 93년), 계사(癸巳), 팔월,
횡악(橫嶽)의 큰 돌(大石) 다섯 개가 한꺼번에 떨어졌다.

- 십팔 년(서기 94년), 갑오(甲午), 이월,
가야가 신라 부항성(浮項城)을 에워쌌다.

- 이십일 년(서기 97년), 정유(丁酉) 사월,
용 두 마리가 한강(漢江)에 나타났다.
- 이십칠 년(서기 103년), 계묘(癸卯),
왕이 한산(漢山)에 사냥을 가서 신록(神鹿)을 잡았다.

- 이십구 년(서기 105년) 을사(乙巳), 정월,
사신을 신라에 보내 화친을 요청했다.
- 삼십 년(서기 106년), 팔월, 신라..가야정벌을 주장함(主伐加耶)
- 삼십이 년(서기 108년), 무신(戊申),
봄, 여름 가뭄이 들어 백성들이 굶주렸다.

己婁王

蓋己婁當作加乙取蛙之義也多婁王元子志識宏
遠不留心細事

九年乙酉正月遣兵侵新羅邊境

十三年己丑六月地震裂陷民屋死者多

十四年庚寅三月旱無麥夕六月大風拔木

十七年癸巳八月橫岳大石五一時隕落

十八年甲午四月二龍見漢江大旱

二十一年丁酉王獵漢山獲神鹿

二十七年癸卯王獵漢山獲神鹿

二十九年乙巳遣使新羅請和

三十二年戊申春夏旱民饑

칠월, 말갈(靺鞨)이 우곡(牛谷)으로 들어와서 백성을 약탈해 갔다.

● 삼십육 년(서기 112년), 임자(壬子), 시월,
신라가 지마(祗摩)를 마립간(麻立干)으로 세웠다.

● 삼십칠 년(서기 113년), 계축(癸丑), 삼월,
신라에 사신을 보냈다.

● 삼십구 년(서기 115년), 을묘(乙卯), 이월,
가야(加耶)가 신라를 침입했다.
팔월, 신라가 가야를 공격했다.

● 사십 년(서기 116년), 병진(丙辰), 사월,
까치가 도성의 문 위에 집을 지었다.
유월, 큰비가 10일 동안 내려 한수(漢水)가 크게 불어났고,
마을들이(民屋) 떠내려가 훼손됐다.
칠월, 관리(有司)에게 명령해 수해(水損)를 입은
밭(田)을 보수하도록 했다.

팔월, 신라가 가야를 공겼했다.

● 사십오 년(서기 121년), 지마(祗摩)○○○○, 이월, 신라大○山城

● 사십구 년(서기 125년), 을축(乙丑), 칠월,
말갈이 신라(新羅) 대령책(大嶺柵)을 습격하며,
큰 니하(大泥河)를 건너자 신라가 구원병을 요청했다.
왕이 5명의 장군을 보내어 신라를 구원했다.

● 오십이 년(서기 128년), 무진(戊辰), 십일월, 왕이 승하하셨다.

개루왕(蓋婁王)

기루왕의 아들이고, 개루(蓋婁) 역시 개구리(蛙)란 뜻이다.

七月靺鞨入牛谷掠民而去
三十七年癸丑三月遣使新羅
四十年丙辰四月鸛巢部門上
六月大雨浹旬漢水大漲漂毀民屋
七月命有司補水損之田
四十九年乙巳七月靺鞨襲新羅大嶺柵過泥河新
羅請救王遣五將軍救之 大嶺者咸關嶺也
泥河者城川江也
五十二年戊辰十一月王薨

蓋婁王
己婁王之子蓋婁亦蛙義也

• 사 년 (서기 131년), 신미(辛未), 사월,
한산(漢山)으로 사냥을 나갔다.

• 오 년 (서기 132년), 임신(壬申), 이월,
북한산성(北漢山城)을 쌓았다.

• 칠 년 (서기 134년), 갑술(甲戌), 팔월,
○聖主, ○聖 사년, 정축(丁丑) 개로왕(蓋鹵王) 십 년,
말갈(末曷)이 변방(塞)에 들어와
○○ 5개의 책성(五柵)을 불태웠다.

• 삼십팔 년(서기 165년), 을사(乙巳), 시월,
신라 아찬(阿湌) 길선(吉宣, 신라 아달라 이사금 때의 사람, ?~?)
이 와서 투항했다.
신라가 길선의 송환을 요청했으나 보내주지 않았.

신라가 분노하여 병사를 이끌고 공격해왔다.
모든 성(諸城)에 명령을 하여 굳게 지키고 나가지 말라고 했다.
신라의 병사들이 군량이 떨어지자 돌아갔다.

• 삼십구 년(서기 166년), 병오(丙午), ○월 왕이 승하하셨다.

초고왕(肖古王)

개루왕의 아들이다. 초고(肖古)는 탁(涿)으로 읽어야 한다.

• 이년(서기 167년), 정미(丁未), 칠월,
몰래 출사를 해서(潛師) 신라의 서쪽 변방 2개의 성을 습격하여
무너뜨리고, 남녀 1,000명을 노획하여 돌아왔다.

四年辛未四月獵漢山

五年壬申二月築北漢山城﹝或云乙卷立於此下町﹞

三十八年乙亥十月新羅河浪吉宣來投新羅求之不送新羅怒引兵來侵命諸城堅守不出羅兵絕糧而歸

三十九年丙午十月王薨

肖古王

二年丁未七月潛師襲破新羅西鄙二城虜獲男女一千兩還

蓋婁王子也肖古常讀涿

팔월, 신라(新羅) 일길찬(一吉湌) 흥선(興宣, 신라 아달라 이사금
때의 대신,?~?)이 병사 20,000명을 이끌고
나라의 동쪽 모든 성을 침략했다.

신라왕이 다시 친히 정예 기마병 8,000명을 이끌고 계속해서
침략해왔고, 한산(漢山)까지 기습했다.
왕은 상대할 수 없다고 판단하여,
약탈한 남녀를 돌려보내고 화친을 요청했다.

● 오 년(서기 170년), 경술(庚戌), 시월,
신라의 변방(邊鄙)을 침략했다.

● 십구 년(서기 184년) 갑자(甲子),
공손도(公孫度)가 천(遷)○ 요동군수(遼東郡守) -후한서(後漢書)기록-

● 이십이 년(서기 187년), 정묘(丁卯), 오월,
수도(王都)의 우물이 말랐다.

● 이십삼 년(서기 188년), 무진(戊辰), 이월,
궁실(宮室)을 새로 지었다.
신라의 모산성(母山城)을 공격했다.
신라의 구도(仇道)가 공격을 막았다.

● 이십사 년(서기 189년), 기사(己巳), 칠월,
신라와 구양(狗壤)에서 전투를 벌였지만 패배했다.
죽은 사람이 500여 명이다.

● 이십오 년(서기 190년), 경오(庚午), 팔월,
신라의 원산향(圓山鄕)을 습격하고, 결곡성(缺谷城)을 에워쌌다.
신라의 장수 구도(仇道)가 기마병(馬兵) 500명을 거느리고
막았다.
아군이 거짓으로 퇴각하자 구도가 와산(蛙山)까지 쫓아왔다.

八月新羅一吉湌興宣領兵二萬來侵國東諸城羅王又親率精騎八千繼之掩至漢山王知不可敵還共所掠男女而請和
五年庚戌十月侵新羅邊鄙
二十二年丁卯五月王都井溢
二十三年戊辰二月重修宮室 攻新羅母山城羅以仇道拒之 金城似今咸安盖王以是年五
二十四年己巳七月與新羅戰於狗壞而敗死者五百餘人
二十五年庚午八月襲新羅圓山鄉進圍缺谷城羅將仇道帥馬兵五百拒之我軍佯退仇道追至蛙

우리 병사들이 반격(反擊)하여 크게 이겼다.

● 삼십이 년(서기 197년), 정축(丁丑), 오월,
고구리 왕 고국천왕이 승하했다. 산상왕이 즉위했다.

● 삼십사 년(서기 199년), 기묘(己卯), 칠월, 지진이 일어났다.
신라의 변경을 침략했다.

● 삼십육 년(서기 201년), 신사(辛巳), 이월,
신라와 가야(加耶)가 화친을 맺었다.

● 삼십팔 년(서기 203년), 계묘(癸卯), 시월,
말갈이 신라를 침입했다.

● 삼십구 년(서기 204년), 갑신(甲申), ○월,
공손도가 죽고 아들 공손강(康)이 계위했다.

● 사십삼 년(서기 208년), 무자(戊子), 사월,
왜(倭)가 신라를 침입했다.

가을, 가뭄과 메뚜기떼들로 인해 곡식이 여물지 못했다.
도적들이 벌 떼처럼 일어(蜂起)났다.

● 사십사 년(서기 209년), 기축(己丑), 칠월,
포상 8국(浦上八國)이 가야를 공격했다.
신라 이음(利音, ?~220)이 6부(六部)의 병사를 이끌고 가서
가야를 구원하고, 8국(八國)의 장군을 공격해 죽이고(擊殺)
포로 6,000명을 빼앗아 돌아왔다.

시월, 고구리가 수도를 환도로 옮겼다(麗移都於丸都).

● 사십오 년(서기 210년), 경인(庚寅), 이월,
적현(赤峴) 사도(沙道) 2개의 성을 쌓고,
동부(東部) 민호(民戶)를 이주시켜 지키도록 했다.

山我兵返擊之大克圓山者德源也鐵谷
三十二年丁巳上□□曦埼邊咊山苔永豊
三十四年己卯七月地震侵新羅邊境
三十六年辛巳二月新羅與加耶和親
三十八年癸未十月㳟渴侯新羅子東主
三十九年甲申□月公溫渴侯新羅
四十三年戊子四月倭侵新羅
秋蝗穀不稔盗賊蜂起王巡撫安之
四十四年己巳七月浦上八國攻加耶新羅利音率
六部兵往救之擊殺八國將軍奪其所虜六千人
還之
四十五年庚寅二月等赤峴沙道二城移東部民戸
守之

시월, 말갈(靺鞨)이 사도성(沙道城)을 공격해왔다가 이기지 못하자
성문에 불을 지르고 달아났다(遁)

● 사십육 년(서기 211년), 신묘(辛卯),
나라 남쪽이 메뚜기떼로 곡식에 해를 입혀 백성들이 굶주렸다.

● 사십칠 년(서기 212년), 임진(壬辰), 삼월,
가야(加耶)가 아들을 신라에 인질로 보냈다.

● 사십팔 년(서기 213년), 계사(癸巳), 칠월
서부(西部) 사람 색회(嗇會)가 흰 사슴(白鹿)을 잡아서
왕에게 바쳤다. 상서롭게 여겨 곡식 100석을 하사했다.

● 사십구 년(서기 214년), 갑오(甲午), 칠월,
신라 요차성(腰車城)을 공격해서 함락시켰다.
성주(城主) 설부(薛夫, 신라 내해이사금 때 사람,?~214)를
죽였다.
신라 이벌찬(伊伐湌) 이음(利音, ?~220)이
6부(六部)의 정병(精兵)을 이끌고 사현성(沙峴城)을 공격했다.

구월, 북부(北部) 진소(眞巢)가 병사 1,000명을 거느리고
말갈의 석문(石門)을 습격해서 빼앗았다.

시월, 말갈이 기마병(勁騎)으로 술천(述川)까지 침략해왔다.

왕이 승하하셨다.

十月靺鞨來攻沙道城不克焚城門而遁

四十六年辛卯國南蝗害穀民饑

四十七年壬辰三月加耶質子于新羅

四十八年癸巳七月西部人齊會獲白鹿而獻之王以為瑞賜穀一百石

四十九年甲午七月攻新羅腰車城陷廓拔之殺其城主薛夫新羅伊伐湌利音帥六部精兵攻沙峴城

五十年乙未

九月命北部真業領兵一千襲取末曷石門城

十月靺鞨以勁騎來侵至述川

王薨

구지왕(仇知王)

휘(諱)는 백고(伯古)이고 기루왕의 일곱째 아들이며,
개루왕의 배다른 동생이다(蓋婁王之異母弟也).
성품이 너그럽고 어질며(寬仁) 성인의 덕이 있어(聖德)
백성들이 그를 존경하고 사모(敬慕)하여 말하길
"구태왕(仇臺王)이 다시 왔다(復來矣)"라고 한다.

개루왕(蓋婁王)시기에 개루왕의 친동생들이 모두 총애를 받아,
마음대로 위세를 부리니, 백성들의 마음을 얻지 못하였다.

개루왕이 그것을 깊이 근심하시다(深疾之) 돌아가시기(臨崩) 전에
그 황후 사씨(沙氏)에게 말하길
"내가 동생들이 많은데, 오직 백고(伯古)가 제일 현명하다. 내가 죽으면, 그대의 아들들은 모두 어리고, 내 동생들도 모두가 야망이 있으니(若諸弟得志) 백고(伯古)를 맞이해서 너의 남편으로 삼아라(繼夫). 당신 아들들에게도 반드시 도움이 되지 않겠는가?"라고 말하니, 사씨가 한밤중 비밀리에 백고를 궁중으로 맞아들였다.

이 밤에 내린 눈의 깊이가 한 장(丈) 남짓이었다.
왕의 동생들은 모두 그 이유를 알 수 없었다.

● 원년(서기 188년) 무진(戊辰), 십이월,
사씨(沙氏)를 왕후(后)로 삼고,
흘씨(屹氏)를 태후(太后)로 삼았다.
왕이 잠저(潛邸:제왕이 즉위하기 전에 살던 집이나 혹은 그 시기)에 있을 때 측근(舍人) 가기(賈杞)의 처(妻)를 거뒀다.
(가기의 처) 백씨(苩氏)가 아들을 낳았는데, 어질고(仁)
딸은 백화(苩花)처럼 매우 총애했다.
이때 이르러 다시 가기에게 돌아가도록 명령했고,
가기의 자식에게 그 아들과 딸이 되도록 명령했다.

仇知王諱伯古己甚王第七子而益甚王之異母弟也寬仁有聖德國人敬慕之曰仇臺王復來矣時益甚王深疾之至同母弟皆特寵擅威不得人心益甚王深疾之臨前謂其弟沙北曰吾弟多唯伯古最賢吾死而沙北子皆幼若諸弟得志必不利於汝子末若迎伯古以為汝繼夫沙北乃以深夜密納宮中是夜雪深丈餘諸王弟皆不能知元年戊辰十二月以沙北為后立世屹氏為太后王潛邸時納舍人實杞妻苔北生子仁及女苗花是有寵至是命復納實杞節杞子其子女

● 이년 (서기 189년), 기사(己巳), 이월, 사신을 신라에 보냈다.

요동태수(遼東太守) 공손도(公孫度) 왕(王)이
사신을 보내 화친을 청했다.
백제 왕 역시 친동생(胞弟) 대지(大知)를 보내
방물(方物, 특산물)을 주었다.

● 삼 년 (서기 190년), 경오(庚午), 삼월,
공손도왕(公孫度王)이 딸 보루(寶婁)를 백제 왕에게 보내며
"왕께서 아직 결혼을 안 했다는 소식을 들었습니다. 그래서 감히
저의 천한 딸을(賤息) 보내, 건즐(巾櫛:여자나 첩이 남편을 받들
다)을 받들도록 하니 부디 버리지 말아 주소서"라고 하니
왕이 이에 백마 세 쌍을 예물(幣)로 하고 아내로 맞이하였다.

시월, 왕이 요부산(遼富山)의 군대를 도와서 큰 승리를 얻었다.

● 사 년 (서기 191년), 신미(辛未), 사월,
한산(漢山)에 사냥하러 갔다.

● 오 년 (서기 192년), 임신(壬申), 이월,
북한산(北漢山)을 쌓아서 고구리를 대비했다.

팔월, 신라왕 일성(逸聖)이 즉위했다. 사신을 통해 조공을 받았다.

● 칠 년 (서기 194년) 갑술(甲戌), 이월,
왕후(王后) 사씨(沙氏)가 승하(崩御)하셨다.

왕이 신라에 청혼을 요청했다.

二年己巳二月遣使于新羅
遼東太守公孫度王遣使請和王亦遣脆弟大知
獻方物
三年庚午三月公孫度王以女宝豐故王曰聞王末
有室家故敢以賤息往奉巾櫛幸勿棄焉王乃以
白馬三雙為幣以聘焉
十月王助遼寇山之軍大獲捷利
四年辛未四月獵于漢山
五年壬申二月築北漢山以備高句麗
八月新羅王逸聖立遣使來貢
七年甲戌二月王抌沙比崩王請婚于新羅

칠월, 신라(新羅)에서 임금의 친척 딸(近宗:임금의 가까운 일가)
물씨(勿氏)를 백제에 보냈다.
물씨의 어머니는 신라 선왕 지마(祇摩)의 딸 밀화(密華) 부인이다.
그 용색(容色:용모와 안색)이 나라에서 뛰어났으며,
물씨 역시 미모가 대단했다.
왕이 물씨를 대단히 좋아했고,
그 사신 소광(小光)을 후하게 대접해서 돌려보냈다.

● 십 년(서기 197년), 정축(丁丑), 오월,
고구리 연우(산상왕(延優) 197~227)가
형을 쫓아내고, 형수를 빼앗았다.

요동태수(遼東太守) 공손도 왕이, 고구리 산상왕에게 죄를 묻고자
우리(백제)에게 출병을 요구하였으나
백제와 고구리는 같은 조상을 가진 나라이기에 싸울 수 없다고
거절하자 (그 명분을) 공손도 왕이 좋아하지 않았다.

시월, 물씨가 왕자 여물(餘勿)을 낳았다.
사신을 신라로 보내 기쁜 소식을 알렸다.
신라가 물씨의 오빠(胞兄)인
길선(吉宣, 아달라 이사금 때 아찬, ?~?)을 보내서
축하하며, 공물을(獻物) 바쳤다.

왕이 숨겨둔 딸(私女) 백화(苩花)를 길선에게 시집을 보냈는데,
백화의 나이 겨우 11살이었고, 아직 잠자리(當夕:밤일)를 할 수가
없어서, 그 어미인 백씨에게 잠자리를 들라고 시켰다.
길선은 이에 그 모녀를 모두 데리고 갔다.
백씨의 남편 가기(賈杞)가 그로 인해 울화병에 걸려 죽었다.
사람들이 모두 불쌍히 여겼다.

七月新羅以近宗女勿氏故我勿氏母乃新羅先
王祇摩之女容華夫人也其容色秀於國中勿氏
亦色之尤者王大喜之厚待其使小光而故

十年丁丑五月麗近優遜其兄而奪其嫂公孫度王
欲問罪命我出兵王謝以同祖之國不忍相殘公
孫度王不悅

十月勿氏生王子餘勿遣使新羅告慶新羅以勿
氏胞兄吉宣來賀獻物王以私女苗花妻吉宣苗
花年才十一未能當夕王使其母苗氏當之吉宣
乃孝其母女而故苗氏夫實杞為之心疾而死人
皆憐之

● 십칠 년(서기 204년), 갑신(甲申), 구월,
요동태수 공손도(公孫度) 왕이 죽었다.
태자 공손강(公孫康)이 왕위에 올랐다.
사신을 보내 조위(弔慰:사람을 보내 위로 조문하다)했다.

● 이십이 년(서기 209년), 기축(己丑), 시월,
고구리 연우(延優, 산상왕)가 환도(丸都)로 수도를 옮기고,
비굴하게 화친을 청했다.

백제 왕은 공손강(公孫康)이 알까 두려워, 보이게 접대치 못하고,
태자 백인(眥仁)에게 명령해 국경에서 은밀히 그 사신을 접대하고
돌려보내라고 했다.

● 이십사 년(서기 211년), 신묘(辛卯), 칠월, 길선(吉宣)이
그 누이동생 물씨(勿氏)가 나이 30세가 넘고 자녀를 많이 낳아서,
미색(용모)이 점차 떨어지기에
전씨(田氏)를 시첩(侍妾)으로 들이시라 요청했다.

왕이 크게 기뻐하며 전씨(田氏)를 받아들였다.
전씨의 어미 팽전(彭田)이 전씨를 귀궁(龜宮)으로 데려왔다.
왕이 몰래 귀궁에 이르러 기일을 기다리지 못하고
전씨와 잠자리를 가졌다.
전씨의 용모는 물씨를 닮았으나 더 아름다웠다.

왕은 전씨에게 빠져서(沈惑)
길선을 좌평(佐平)으로 삼고,
팽전을 국부인(國夫人)으로 삼아,
장원(莊園:중세기 귀족이나 사원이 사유하던 토지)과
노비(奴婢)를 하사하였는데, 이는 왕자와 같은 대우였다.
팽전 역시 아름다웠고, 아첨을 잘해서 왕이 사통(兼通)했다.
그때, 사람들이 애석해하며 말하길

十七年甲申九月公孫度王薨太子康立遣使吊
慰之
二十二年乙丑十月麗遣優秽都兒都窂詞請和王
畏公孫康王不敢顯待而令太子苦仁密待其使
於境上以送之
二十四年辛卯七月吉宣以其妹勿氏年過三十兩
多產子女色漸衰耗請以其女田氏膝之王大喜
納之田氏毋彭田領來館于龜宮王容詰龜宮不
能待期而先通田氏魚似勿氏而尤美王沈感之
乃孫吉宣為佐平彭田為國夫人賜以莊園奴婢
如王子例彭田亦有色而善媚王兼道之時人多

"우리 왕께서 호색(好色)한 이시구나. 어찌 새끼를 바꾸고 어미를 바꾸는 사악한 짓을 하는가?"라고 했다. 이것은 백화(苩花) 모녀를 전씨(田氏) 모녀로 바꾼 이유에서다. 전씨의 나이 겨우 15세였으나 꽤 정사(政事)를 알았다.

● 이십오 년(서기 212년), 임진(壬辰), 이월,
신라왕 일성(逸聖)이 승하하였다.
왕이 동생 고시(古尸)를 보내 조문하고,
법식과 같이 부의를 보냈다

● 이십칠 년(서기 214년), 갑오(甲午), 사월,
전씨가 왕자 소고(素古)를 낳았다.
왕이 몹시 소고를 사랑해서 태자로 삼고자 귀궁의 속관으로 중용했다 (王酷愛之, 欲立爲太子重用龜宮屬)

● 삼십 년(서기 217년), 정유(丁酉), 삼월,
공손강(公孫康) 왕이 대방왕(帶方王)으로 칭하기 시작하고,
다시 그 여동생 보고(寶皐)를 백제에 시첩으로 보냈다.
이때 조정이 천거하여 한인(漢人)을 자주 등용했고
요동왕이 많이 의지했다.
보루(寶婁), 보고(寶皐)를 소중히 했으나 자식이 없었다.

● 삼십사 년(서기 221년), 신축(辛丑), 칠월,
대방왕 공손강이 승하했다.
동생 공손공(公孫恭)이 왕위에 올랐고,
공손강(康)의 아들 황(晃)을

惜之曰吾王之好色也何易耶而換母邪蓋以苗
花世女為田氏母女故也田氏年才十五而頗知
政事……

二十五年壬辰二月羅王逸聖崩王詣弔界之
送賻如例

二十七年甲午四月田氏生王子素古王酷愛之欲
立為太子重田龜宮厲

三十年丁酉三月公孫康王姑楠帶方王吏以其妹
宜朱膳之時朝逹頰田漢人多徙遼東王以此重
三室婁室身早而燕子

三十四年辛丑七月帶方王康薨弟嚴立以康子晃

한(漢)나라에 인질로 보냈다.
왕이 사신을 보내 공손강의 조문을 했다.

● 삼십오 년(서기 222년), 임인(壬寅), 이월,
정비(正妃) 보루(寶婁) 부인(夫人)이 승하했다.
나이는 50세이다. 왕후는 성품이 청아(淸雅)하고, 용모가 단정하며 많은 사람을 너그러움으로 이끌었고, 빈첩(嬪妾)을 도리(道)로 대했다. 일찍이 아름다움을 시기한 적이 없었고, 자식이 없음을 항상 한스러워했다. 임종(臨終) 때, 보고(寶皐)에게 일러 말하길
"내가 죽으면 너를 위해 가자(佳子:착한, 좋은 아들)를 구하거라"
라고 했다.
왕이 그 소릴 듣고 무릇 슬퍼하며 오급(烏級)에 장사를 지냈다.

● 삼십육 년(서기 223년), 계묘(癸卯), 이월,
길선(吉宣)을 상좌평(上佐平)으로 삼고, 군사(軍事)를 맡겼다.

길선이 여동생의 딸을 보냈고,
큰 집(大宅)을 지어서 처첩(妻妾)을 양쪽 나라(兩國)에 두고,
자주 왕래를 안하자
신라의 새 임금은 그를 의심하여 중용(重用)하지 않았다.
길선은 스스로 신라 지마(祇摩)이사금의 후손(孫)이라 여기며
신라의 새 임금에게 반역을 꾀하려는 마음이 꽤 있었다.
왕이 그것을 경계하여 말하길
"왕이란 것은 천명(天命)이니라, 사람의 힘으로(人力) 구할 수 있는 것이 아니니 망동하지 않는 것이 옳은 줄 알아라"라고 했다.

그 후 마침내 백제는 전씨(田氏)에게 강하게 권유(설득)를 당해 백제 동로군사(東路軍事)에 길선을 위임했다.
길선이 크게 기뻐하며 신라로 돌아갔다.

贊于漢王遣使吊問之
三十五年壬寅二月正妃宣娘夫人薨春秋五十也
治性清雅容與端正御衆以仁待嬪妾以道未嘗
有妬色而常恨無子臨終謂宣曰吾死為汝求
佳子矣王聞之益懸葬于烏坡
三十六年癸卯二月以吉宣為上佐平委以軍事吉
宣以其妹女敵而置大宅妻委于兩國往來不
常羅新君疑之不重用吉宣自以為祇摩之孫當
王頒有不軌心王戒之曰天命也非人力可
求勿妄動可也然終為田氏所力勸委之以東路
軍事吉宣大喜而畋

●삼십팔 년(서기 225년), 을사(乙巳), 시월,
길선이 거사에 실패하고 백제로 도망쳐 왔다.
신라왕이 길선의 송환을 요구했으나, 백제 왕이 답하며 말하길
"신하 된 자가 불충(不忠)하는 것은 당연히 죄가 되나,
그의 여동생 딸은 백제 내군(內君:안 군주)의 여자며, 백제인이니
그들은 백제를 위해 목숨을 바치는 것이다."라고 말하니

신라왕이 분노해서, 장수 대해(大解)를 보내
백제를 침입했으나 이기지 못하고(不利) 돌아갔다.

●삼십구 년(서기 226년), 병오(丙午), 오월,
상좌평(上佐平) 길선이 사망했다. 나이 55세이다.
왕이 애통(痛哀)해하며 태공(太公)의 예법으로 장사를 지냈다.

길선의 아들 팽선(彭宣)은 전씨(田氏)의 오빠(兄)이다.
왕이 팽선에게 백화(百花)를 시집보냈는데 팽선이 말하길
"백화와 그녀의 오빠 백인(百仁)이 밀통(密通:몰래 정을 통함)하여
저를(臣)을 우습게 만들었습니다."라고 하니 왕이
백인에게 북한군(北漢軍)으로 감찰을 나가라고 명령을 내렸다.
백인이 말하길 "부왕은 전씨에게 빠져 저희를(子弟)을 업신여기고
계십니다."라고 하니
왕의 동생 고시(古尸)가 그 소릴 듣자, 전씨에게 밀고하며 말하길
"모든 왕자들이 백인과 난을 일으키려 합니다."라고 하니
전씨가 말하길 "장차 어찌해야 하오?"라고 물었다.
고시가 대답하길
"일이 급하니(事急矣) 왕의 조서를 빙자해 군사를 먼저 일으켜
그들을 제압하여야 합니다." 라고 했다.
이에 전씨가 밀부(密符:군사를 즉각 동원할 수 있는 병권)를
고시에게 내려 주어

三十八年乙巳十月吉宣事敗而逃故羅王來之王
答之曰為臣不忠固可罪矣而其女為小國內君
奈為小國質其一命罷矣婦不聽遣其將大解來
提不利而還

三十九年丙午五月上佐平吉宣年五十五王痛
衰之以太谷禮葬之吉宣子彭宣田比三兄也王
以苗花妻彭宣之言苗花與其先苗尒客通薄
於匡王命苗尒出監北漢軍苗尒回父王感於田
比兩薄於子苐豆弟古尸開之密告於田比曰諸
王子欲興苗尒作亂田比曰旦將奈何戶曰事
急莫如矯詔發兵以先制之田比乃出密符與

내외군사(內外軍事)를 맡도록 명령을 내렸다.
고시(古尸)가 이에 왕을 협박하여 심궁(深宮:깊고 그윽한 대궐 안)에 유폐(幽)시키고, 소고(素古)를 세워 새로운 왕으로 삼고 천하를 호령했다.

고시는 왕의 이복동생(庶弟)으로, 그 어머니가 일찍이 왕과 간통(潛通)해 궁중의 비사를 밀고했고, 왕에게 영향력이 꽤 있었다.
그러한 이유로 왕 역시 고시를 자기 아들과 같이 아꼈다.
고시는 나이가 어리고 곱상해서 전씨와 몰래 서로 간통을 해서
아들 소대(素大)를 낳았는데 왕이 그 사실을 알까 늘 두려워했다.

이때 백인(苩仁) 등이 그 일을 폭로하려 해서
고시가 먼저 백인을 잡아들이려 했다.
백인은 계획이 틀어진 것을 알고 말갈로 도망을 쳤다.

고시가 이에 전씨와 정권을 전횡하여(專政)
왕은 근심과 분노(憂憤)로 승하했다. 춘추 72세이다.

왕은 성군(聖君)으로 일찍이 치국평천하(治平)의 이름이 있으시고,
오로지 정사에 관한 일을 좋아하셨으나
규방(閨門:부인의 정조, 풍기)의 일은 단속을 하지 않으셨다.
그리하여 마침내 사랑하는 어린 동생(愛弟)과
총애하는 아내(寵妻)에게 제압을 당하였다. 애석하다.

달솔(達率) 연다격민(燕多鬲閔) 등이 고시를 치고자 했으나
이기지 못하고 도망쳤다.
신라가 다시 거사를 꾀했다.
그래서 고시는 감히 스스로 왕이 되지 못하고,
나이 겨우 13세의 소고(素古)를 왕으로 세운 것이다.

之令行內外軍事古尸乃逼王讓於深宮立素古
為新王以號令天下古尸者王之庶叔也其母嘗
與王潛通密告宮中祕事頻有力於王故王亦愛
古尸如己子古尸年少而美密與田氏相通而生
子素大常恐王知至是苗仁等欲發其事故古尸
先期捕之苗仁知許逃而奔于宋昌古尸乃與田
氏專政王憂憤而薨春秋七十二王以聖君早有
治平之名而只好因事而不檢閻門遂為愛深寵
妻之所制惜哉遼寧縣多南閫等欲伐古尸不克
而返故新羅課甫擧故古尸不敢自立而立素古
王年才十三

초고왕(肖古王)

휘는 소고(素固), 구지왕(仇知王)의 다섯 번째 아들이다.
체격이 크며, 원대한 식견(遠識)을 갖고 있으며,
일을 처리할 때(臨事) 가볍게 결정하지 않아서
고시(古尸)와 전씨(田氏)가 감히 멋대로 일을 처리하지 못했다.
나라 사람들이 초고왕이라고 불렀다.

● 원년(서기 226년), 병오(丙午), 칠월,
모친 전씨를 태후(太后)로 추존했다.

● 이 년(서기 227년), 정미(丁未), 팔월,
신라의 조비천성(助比川城)을 격파해, 포로 1,000명을 잡아 왔다.
신라가 다시 병사를 일으켜 한수(漢水)를 공격했다.
신라 포로를 돌려보냈다.

● 삼 년(서기 228년) 무신(戊申), 오월,
대방왕(帶方王) 공손공(公孫恭)이
이전 왕자 공손연(公孫淵)에게 왕위를 물려줬다.
사신을 보내와 보고했다.

왕이 귀궁(龜宮)에 행차해 보고(寶皐) 부인에게 연회(宴:잔치)를
베풀었다. 보고(寶皐) 부인이 울면서 그것을 노래했다.
우는 모습이 가련하여 왕이 마침내 귀궁에서 잠을 자고,
보고(寶皐) 부인과 정을 통했다. 이때부터 자주 행차를 했다.

● 사 년(서기 229년), 기유(己酉), 사월,
보고 부인이 왕녀(王女) 귀씨(龜氏)를 낳았다.
왕이 좌평(佐平) 사시(沙市)의 딸을 거두어들이고,
또 태후 전씨(田氏)와 사통(烝:손위 여자와 간통하다)을 했다.
사씨는 태후의 몸종(婢)이다.
전씨가 왕이 사랑하는 보고를 시기하여

肖古王

諱素古仇知王蕎丘子也體鴻大有遠識臨事不
輕決古尸旧氏不敢逆國人稱之
元年丙午七月尊母旧氏為太后
二年丁未八月破新羅勃北川城虜一千口而還
羅又引兵逾我漢水故還其所俘
三年戊申五月帶方王襲以位讓于前王子淵遣使
告慶王幸亀宮宴寶臭夫人寶舉泣歌之王憐之
遂宿於亀宮通之自是累幸
四年己酉四月寶舉生王女亀氏王納佐平沙布女
而又烝太后旧氏沙氏者太后婦也旧氏妬王愛

91

스스로 사씨(沙氏)를 중매하여 사씨를 끌어들여 왕이 거두게 했다.

- 오 년(서기 230년), 경술(庚戌), 팔월,
사씨가 왕자(王子) 구수(仇首)를 낳았다.
구월, 사시(沙市)를 상좌평(上佐平)으로 삼고,
정사(政事)를 맡겼다.
오후(烏候)를 우좌평(右佐平)으로 삼고 병사를 맡겼다.
부륜(富輪)을 좌좌평(左佐平)으로 삼고 밀사(密事)를 맡겼다.
태공(太公) 고시(古尸)를 소웅도(小熊島)로 유배 보내고,
태후(太后)를 팽선(彭宣)의 집으로 보냈다.

시월, 장수를 보내 신라의 변경 마을을 침략하고,
그 창고(府庫)를 약탈했다.

십이월, 조의사인(皂衣舍人) 진가(眞可, ?~?)가 왕에게 말하길
"폐하 영명(英明)하신 자질로 일찍이 고시의 간사함을 간파하시고
부왕의 치욕을 설욕하심이 옳사옵니다.
옛날부터 부모에게 원수를 지는 군왕은 없었습니다.

그때 만약 태후(太后)가 아니었다면 폐하께서 어찌 왕의 자리를 얻을 수가 있었겠습니까? 어떤 날에(異日) 만약 예측하지 못한 일이라도 생긴다면 태후가 아니면 누가 함께 해줄 수 있겠사옵니까?"라고 하니 왕이 크게 깨달으며 이어 눈을 헤치고
팽선의 집으로 야간 행차(夜幸)를 하여 태후와 함께 돌아왔다.

室無宇而自娛沙氏以引之及己也

五年庚戌八月沙氏生王子优首

九月以沙市為上佐番以政事為候為右佐平

委以兵事富輪為左佐平委以窑事流太公古尸

于小熊為移太佐於彭宣家

十月置得經羅盤邑掠具府庫

十二月皂衣舍人真可說王曰陛下以英明之姿

早破古尸之奸以雪父王之恥則可也自古以來

未有繼西之君伊時若非太佐陛下焉得以王興

目若有不測則非太佐而就有偕守王大悟乃冒

雪夜幸彭宣家偕太佐而政

● 육 년(서기 231년), 신해(辛亥), 이월,
태후궁(太后宮)을 새로 짓고 상궁(上宮)이라 했다.

대방(帶方)사람 초모(焦毛) 등을 불러
서원(西院)에서 주인(鑄印)과 병장기(兵仗) 무기를 만들었다.

● 칠 년(서기 232년), 임자(壬子), 사월,
우부인(右夫人) 진씨(眞氏)가 딸 소내(素嬭)를 낳았다.
다른 기록에는 태후가 낳았다고 한다.
진씨궁(眞氏宮)을 적유궁(赤柔宮)으로 삼았다.

● 십 년(서기 235년), 을묘(乙卯), 정월,
상궁(上宮)에서 아들 고이(古爾)를 낳았다.
군신(群臣)들에게 연회(酺)를 베풀었다.
삼월, 태공(太公) 고시(古尸)를 내신원(內新院)으로 옮겨 처음
봉했던 것처럼 봉공(奉供:받들어 모심)했다.
왕의 여동생 소리(素利), 소원(素元), 남동생 소대(素大),
소인(素仁) 등 대인(大仁)은 고시(古尸)로부터 나왔다.

● 십이 년(서기 237년), 정사(丁巳), 오월,
대방왕(帶方王) 공손연(公孫淵)이 나라 이름을 연(燕)으로 고치고,
한(漢)나라 병사를 대천하(大川河)에서 대파했다.
백제 왕이 사신을 보내 축하를 해주었다.

사씨(沙氏)가 딸 구내(仇嬭)를 낳았다.
● 십삼 년(서기 238년), 무오(戊午), 이월,
상궁(上宮)에서 딸 고내(古嬭)를 낳았다.

팔월, 위(魏)나라가 연(燕)나라를 공격하여 박살(大破) 냈다.
연(燕)나라 왕인 공손연(公孫淵)과
태자 그리고 수(修)가 살해를 당했다(遇害)
왕의 동생 공손소(公孫沼)가

六年辛亥二月新建太后宮曰上宮
召帶方人焦毛等鑄印及矣伐于西院
七年壬子四月召夫人乙氏生女素嬪戚云太后出
也立乙氏宮為赤栗宮
十年乙卯正月上幸于百甫賜酺聲伎
二月移太公古尸于同新院奉供如初封王妹素
利素元鄴素大素仁等大仁乃古尸出巴
十二年丁巳五月帶方王潤改國曰燕大破漢兵於
大川酒王蓋便賢送沙氏生主女仇嬪
十五年戊午二月上宮生女吉嬪
八月魏伐燕大破之王淵及左丞修遁還宮王郊泊

대방왕(帶方王)으로 오르고 백제에 구원을 요청했다.
왕이 병사 5,000명을 일으켜 대방(帶方)으로 갔다.

● 십사 년(서기 239년), 기미(己未), 삼월
대방인(帶方人) 3,000명을 나라의 서쪽으로 옮겼다.

칠월, 왕이 서쪽으로는 패하(浿河) 입구까지 순행했다.

● 십육 년(서기 241년), 신유(辛酉), 정월,
사씨(沙氏)가 딸 태내(太嬭)를 낳았다.

대방(帶方)사람 공손양(公孫襄)에게 명령해
또 종친(宗室)의 서열(位次) 고관(公卿) 예의(禮儀: 예식과 의례)
를 정했다.

● 이십이 년(서기 247년), 정묘(丁卯), 오월, 수도의 우물이 말라
백성들에게 하천을 준설(濬川)하도록 하고 물을 떠오도록 명령했다.

● 이십삼 년(서기 248년), 무진(戊辰), 이월,
궁실(宮室)을 중수하고, 장수 진격(眞格) 등에게 명령해
신라 모산성(母山城)을 공격했다.

● 이십사 년(서기 249년), 기사(己巳), 칠월,
신라의 구양성(狗壤城)을 공격했다.

시월, 태후(太后) 물씨(勿氏)가 붕어하셨다. 춘추 72세이다.
태후는 신라 진골(眞骨) 출신으로 성품이 너그럽고(性寬弘)
자애(慈愛)로우셨다. 태후 전씨(田氏)가 뒤를 이었다.
모후로서 백성들이 태후 전씨를 존중하는 것이 태산과 같았다.

立為帶方王請救王發兵五千以赴之

十四年乙未三月移帶方人三千于國西

七月王西巡至頭河口

十六年辛酉正月沙氏生王女太﨑命帶方人公孫

襄直定宗室佐次公卿禮儀

二十二年丁卯五月王都井渴命民瀦川取水

二十三年戊辰二月重修宮室命將軍真橋等攻新

羅母山城

二十四年己巳七月攻羅狗壤城

十月四太后崩春秋七十二太后以羅真骨性寬

弘慈愛回太后事之以母國人重之如柴山

● 이십오 년(서기 250년), 경오(庚午), 팔월,
신라 원산(圓山), 결곡(缺谷)을 공격했고,
와산(蛙山)에서 크게 승리했다(大捷).

가야가 사신을 보내 빛나는 구슬(明珠)을 바쳤다.

● 이십육 년(서기 251년), 신미(辛未), 이월,
태공(太公) 고시(古尸)가 내신원(內新院)에서 죽었다.
왕의 동생 소대(素大)를 보내 시신을 수습하여
한성서원(漢城西院)에서 장사를 지냈다.
고시는 잘생겼으며 풍채가 좋고 기묘한 꾀를 쓰며(奇謀) 큰 일에는 잘 참지 못하는 성격이다. 마지막엔 왕에게 제압을 당했다.
생각해보면 주색(酒色)과 개인의 즐거움(自娛)으로 생을 마쳤다.
그해 죽음에 이르렀을 때(臨卒), 아들 소대(素大)에게 부축해서 일으키라고 명령한 뒤(扶起) 동향(東向)하여 왕과 태후에게 축원한 뒤 숨을 그쳤다. 왕이 그 소식을 듣고 탄식하며 "나는 숙부의 현명함을 굳게 알고 있고, 바깥세상의 여론에 구애받아 그를 봉했지만 혼령은 반드시 알 것이니라"라고 말하자 소대(素大)가 말하길 "아버지는 이미 스스로 형님의 큰 은혜를 알고 감사하게 여기고 아실 것이며 스스로 죽어도 여한이 없을 거라 여기실 것입니다. 하지만 어린 다른 동생들(幼蘖輩)을 생각하여 저(臣)에게 부탁한(囑) 것일 뿐입니다."라고 했다. 왕은 이에 사냥꾼(獵戶) 800명을 소대에게 내려 그 어린 무리를 기르게 했다.

● 이십칠 년(서기 252년), 임신(壬申), 구월,
왕이 병이 나 태자 구수(仇首)에게 국정을 보라고 명령했다(國監).

왕이

二十五年庚午八月玫羅圓山欽谷大捷於㽵山加耶遣使求貢明珠

二十六年辛未二月太公㚑尸華田新院遣主茅素大迎喪啟葬于漠城海院古尸美風来好奇謀而臨大事有不忍之性竟為王所制唯以酒色自娛而絡其年臨終命其子素天扶起束冲祝王及太海而絕王聞之歔曰吾固知叔父之賢而拘於三議以封之也㚑必知矣大曰父已目知感兄大恩自以為死無餘恨但以幼孽為慮高耦於大而已王乃賜獵戶八百子素大以養共葉

二十七年壬申九月王有疾命太子仇渞監國王儵

나랏일(政事)에 진저리가 나서, 매일 도사(方士) 정곤(丁髡) 무리
와 신선의 나라(神仙國)에 대한 이야기(談論)를 하고,
국정(大政)은 태자(太子)에게 위임했다.

태자는 강직하고 공명하여(剛明)
옳고 그름(賢否)을 잘 살필 줄 안다.
그래서 위로는 왕에서 아래로는 백성들까지 서로
편안했고(國泰民安), 곳간(倉廩)이 가득 찼다(充實).

대방 사람(帶方之人)이 백제에 와서 보고는,
오고 싶어하는 자들이 갈수록 늘어 났다(來見而願迫者日加).

● 이십팔 년(서기 253년), 계유(癸酉), 삼월,
구원(狗原)에 행궁(行宮)을 설치했다.

가야(加耶) 여왕(女君) 미리신왕(美理神王)이 사신을 보내
비단(絹)과 용주(龍舟:임금이 타는 배)를 바치고,
백제 왕자를 사위로 삼고자 청혼하며,
병장기(弓矢槍刀,활,화살,창,칼)를 요청했다.
왕이 명해 대도(大刀) 7자루와 창(槍) 50자루를 하사해서 보냈다.

● 이십구 년(서기 254년), 갑술(甲戌), 정월,
왕이 태자 구수(仇首)에게 왕자리를 넘기고(禪位),
홀로 산궁(山宮)과 구원(狗原)에 거처하며 제사를 지내며,
태상신왕(太上神王)이 불렀다.

태자가 남궁(南宮)에서 즉위하고,
친히 내외병사(內外兵事)를 맡았다.
사씨(沙氏), 백씨(苩氏), 진씨(眞氏), 해씨(解氏)의
작위(爵位)를 정했다.

於政事曰與方士丁髦輩談論神仙國之大政委
於太子之之剛明能察賢否故上下相得國恭民
安倉廩充實常方之人來見兩願敀者曰加
之
二十八年癸酉三月置狗原行宮
加郎女君美理神王遣使獻絹及龍舟請得玉子
為婿及弓矢槍刀王命賜大刀七柄槍五十兩送
之
二十九年甲戌正月王禪位於太子仇首兩自處於
山宮及狗原兩主祭祀號曰太上神王太子即位
於南宮親執囚外其事定沙氏苕氏真氏解氏
二爵位

구수왕(仇首王)

휘는 구수(仇首) 초고왕(肖古王)의 장자(長子)이다.
키가 칠 척(七尺)이고, 위엄이 있으며 예의를 두루 갖추고,
빼어났고 유달리 훌륭하여(秀異), 정치할 때는 인자했지만,
법을 집행할 때는 명확히(明) 했다.

● 원년(서기 254년), 갑술(甲戌), 삼월,
매비(妹妃) 소내(素嬭)를 태후로 삼았다.

● 이 년(서기 255년), 을해(乙亥), 이월,
활을 잘 쏘는(能射) 장정(壯丁)을 뽑아
신기감(新騎監)에 배속시켰다.

● 사 년(서기 257년), 정축(丁丑), 칠월,
귀궁태후(龜宮太后) 보고부인(寶皐夫人)이 승하했다.
춘추 57세이다.
태후는 공손도(公孫度)왕의 셋째 딸(季女)로
경국지색(傾國之色)의 미모를 가지고 있었고
문덕지모(文德之母, 왕후나 비에 대한 칭송)로
구지(仇知), 초고(肖古) 두 왕을 모셨고, 3남 5녀를 낳으셨다.

이에 이르러 태왕(太王)도
구원(狗原)에서 병을 얻고 굴방(窟室)에서 승하하셨다.

● 육 년(서기 259년), 기묘(己卯), 칠월, 지진이 났다.

신라의 변방(邊鄙)을 침략했다.

● 칠 년(서기 260년), 경진(庚辰), 시월,
백부 여물(餘勿) 공(公)이 승하하셨다.
공은 태왕의 형으로

仇首王
諱仇首或云貴須王世子也身長七尺威儀秀異肖政
以仁執澄以明
元年甲戌三月立妹妃素通萬陌
二年乙亥二月漢壯丁能射者属新騎鵬
四年丁巳七月亀宮太后宝華夫人薨春秋五十七
佐以姪孫度夫李女有傾國之色文西之德事仇
知肖古二君生五女三子至是淀太王于狗原得
葬而覺于密室
六年己卯七月地震優羅登鄴
七年庚辰十月伯父餘句公薨公以太王之兄有德

태백(泰伯:주나라 태왕의 장자, 춘추(春秋) 오(吳)의 시조)의 덕이 있어 제위를 넘겨주고(讓國) 한가로이 살며(閑居) 다른 사람의 장단(長短)을 논하는 것을 좋아하지 않았다.
오직 도사(方士)의 무리들과 몰래 신선이 되기 위한 도(仙道)를 닦았으며, 태왕은 도사들을 공경하며 스승으로 모셨다.

셋째 딸을 소후(小后)로 삼아 존대해서 말하길 "신선 조국구(仙舅)는 태상(太上:가장 높은 왕)이다. 국인(國人:나라 사람)들이 북원대왕(北院大王)이라고 부른다."라고 했다.

● 팔년(서기 261년), 신사(辛巳), 사월,
나라 사람들이 개인적으로 외부에서 물품과 재화(物貨)를 교역하고, 여색(女色: 매춘)을 사고팔며(賣買) 나라의 정세를 손상 끼치는 것을 금지하게 하고, 물길(水路)을 엄격히 막았다.

● 구 년(서기 262년), 임오(壬午), 오월,
태후 전씨(田氏)가 병이 생기자 안팎의 죄수들을 사면했다.

● 십일 년(서기 264년), 갑신(甲申), 유월,
구수(仇首)가 제위(大位:황제의 자리) 올랐었을 때
왕은 총명(聰明)한 용모(姿)와 신과 같은 위엄(神威)의 자질(質)로 굳건하게 나라를 다스리려고 마음을 먹고(銳意圖治) 식사를 잊어가며 열심히 힘을 쏟았고(發憤忘食), 아침 일찍 일어나서 밤이 늦어서야 잠자리에 들었다. 그리하여 마침내 건강(聖躬)이 안 좋아져 승하하셨는데 나이 겨우 35세였다. 나라 사람들이 슬퍼하지 않는 이가 없었다.
구수 왕이 승하하자 태자 사반(沙伴)이 즉위(卽位)했다.
어리고 나이가 적어 정사를 볼 수가 없어 태왕(太王)이
왕의 동생(王弟) 고이(古爾)에게 명령해 대신 왕위에 올라 태자를 보좌(攝輔)했다. 이에 소내(素嬭)에게 장가를 들어 태후로 삼았다.

얼마 되지 않아 태자(太子) 사반이 승하(薨)했다.

伯之德讓國開居不喜論人長短唯與方士輩潛
究仙道太王敬以師之以其三女為小河尊之曰
仙鴒太上國人號以北院大王
八年辛巳四月禁國人私通于外交易物貨賣女
色以損國情嚴防水路
九年壬午五月太伯田氏有疾救中外罪囚
十一年甲申六月王薨太子沙伴卽位幼少不能為
政太王命王弟右輔代立攝輔太子仍要素娘治
赤幾太子薨遂定大位仇首王以聰明之姿神威
之韜鏡意圖治發憤忘食夙興夜處竟損聖躬壽
只三十五國人莫不傷之

고이왕(古爾王)

휘는 고이(古爾) 초고왕(肖古王)의 동생이다.

● 원년(서기 264년), 갑신(甲申), 구월,
소내후(素嬭后)를 태후로 삼고,
구내(仇嬭)를 부후(副后)로 삼았다.

● 삼 년(서기 266년), 병술(丙戌), 이월,
사반왕(沙伴王)이 승하했다.

● 오 년(서기 268년), 무자(戊子), 오월,
전 태후(田太后)가 붕어(崩)했다. 춘추 72세이다.
구지왕릉(仇知王陵)에 장사를 지냈다.
이해 가을 가뭄이 들고, 메뚜기(蝗) 피해를 보아, 들판의 곡식이
여물지 못하고 흉년이 들어 백성들이 서로 도적질을 했다.
왕이 군현(郡縣)을 순행(巡行)하여 백성들을 안무(按撫)했다.

● 칠 년(서기 270년), 경인(庚寅), 이월,
적현(赤峴), 사도(沙道) 2개의 성(二城)을 쌓고,
동부의 백성들에게 명령하여 그곳을 지키게 했다.

시월, 말갈이 사도성(沙道城)을 침입해, 성문을 불사르고 도주했다.

● 팔 년(서기 271년), 신묘(辛卯), 이월,
태왕(太王)이 병이 들어(有疾) 죄수를 사면했다(赦囚).
가을 남부에 메뚜기떼가 나타나 백성들이 많이 굶었다.
왕이 자책하며 말하길 "나의 처세로(寡人之世) 재이(災異:천재와
지이)가 이렇게 생기는구나"라고 했다.

古爾王

諱古爾肖古王之同母弟也
元年甲申九月立素勇猛為人仇勇為副將
三年丙戌之月沙伴王薨
五年戊子四月大雨崩春秋七十二葬於仇知王
陵是年秋旱而蝗田穀失穗民相作盜王巡行
郡縣以安撫之
七年庚寅二月築赤峴沙道二城命東部民守之
十月末蜀來侵沙道城獲門南走
八年辛卯二月太王有疾赦囚
秋國南部蝗民多饑王曰寡人之世災異如

● 십 년(서기 273년), 계사(癸巳), 칠월,
서부사람 색증(嗇曾)이 흰 사슴(白鹿)을 잡아 바쳤다.
왕이 재이(災異:천재지변)를 누차 보았으나(累見) 상서로운(祥瑞: 복되고 길한 일)것은 아직 보지 못해 근심하고 있었는데, 흰 사슴을 보게 되자 크게 기뻐하며 곡식 100석(石)을 하사했다.

● 십일 년(서기 274년), 갑오(甲午), 칠월,
신라 요차성(腰車城)을 공격해서 빼앗고, 그 성주를 죽였다.

신라 병력이 사현성(沙峴城)을 침략하고 퇴각했다.

구월, 북부(北部) 진소(眞巢)에게 명령해
말갈을 공격하여 석문(石門)을 빼앗았다.

시월, 말갈이 술천(述川)을 침략하자 격퇴(擊退)했다.

태왕(太王)이 산궁(山宮)에서 붕어(崩)하셨다. 춘추 61세이시다.
태왕은 기세가 웅장했으며(鴻壯) 신력(神力)이 있으셨고,
활을 잘 쏘았으며(善射) 말타기를 좋아하셨다(好騎馬).
어려서부터 크고 훌륭한 덕(盛德)이 있는 이름이셨고,
만년(晚)에는 좋은 신선(神仙)이셨다.

성색(聲色:말소리와 얼굴빛)이 흙과 나무(土木)에 잠겨
나라 사람들이 애석해했다.

十年癸巳七月西部人青寧獻白鹿而獻之王以災異黑虎而未見祥瑞却憂及見白鹿大喜賜以穀百石

十一年甲午七月攻羅腰車城拔之斬其城主羅兵來侵沙峴城而退

九月命妣鄒兵棄攻未昌取石門

十月末鄒侵派川擊退之

太王前於山宮春秋六十一太王鴻壯有神力善射好騎馬早有盛德之名晚好神仙土木沈於聲色國人惜之

● 십삼 년(서기 276년), 병신(丙申), 팔월,
말갈이 침입해 적현성(赤峴城)을 에워쌌지만
성주가 굳건히 지켰다. 왕이 기마병 800명을 이끌고, 적을 쫓아
사도성(沙道城) 아래에서 대파했다.

● 십사 년(서기 277년), 정유, 이월,
사도성 측면(側) 동서(東西) 십리(十里) 거리에
2개의 책(二柵)을 설치하고,
병졸을 나누어 적현성을 지키도록 했다.

● 십오 년(서기 278년), 무술(戊戌), 칠월,
신라의 장산성(獐山城)을 공격했다.

● 십칠 년(서기 280년), 경자(庚子), 사월,
왕성 서문이 불탔다. 말갈이 북변을 노략질했다.

● 십팔 년(서기 281년), 신축(辛丑), 오월,
동쪽 대수산(大水山) 40여 곳이 무너졌다.

● 십구 년(서기 282년), 임인(壬人), 이월,
제방을 쌓고, 농사를 장려했다.
유월, 수도에 물고기가 비처럼 내렸다.

태자 책계(責契)가
대방(帶方)왕의 딸 보과(寶菓)를 아내로 맞아들였다.

시월, 신라 우두진(牛頭鎭)을 공격하고, 민호를 약탈했다.
신라 장군 충훤(忠萱)이 병사 5,000명을 이끌어

十三年丙申八月禾易來圍赤峴城之主固拒之王
帥勁騎八百迫賊於沙道城下大破之
十四年丁酉二月設二柵於沙道城側東西相去丁
里分赤峴城守卒戍之
十五年戊戌七月攻羅掉山城
十七年庚子十月城西門火 木昌冠北邊
十八年辛丑五月國東大水山崩四十餘所
八月大閱於漢水之西
十九年壬寅二月修堤坊勸農事
六月王都雨雹 太子責稽納世帶方氏改定軍制
十月攻羅斗頭鎮抄掠民戶羅將忠肅引五千兵

웅곡(熊谷)에서 응전하여 신라와 승부를 내었다.

● 이십 년(서기 283년), 계묘(癸卯), 이월,
대방왕(帶方王) 공손소(公孫沼)가 죽었다.
아들 공손건(公孫虔)을 옹립하고 백제에게 청혼을 했다.
왕이 다섯째 딸 오고리(烏古里)를 공손건(公孫虔)에게 시집보냈다.

● 이십일 년(서기 284년), 갑진(甲辰), 칠월,
신라가 침입해와서 봉산(烽山)에서 싸웠으나, 성공하지 못했다.

태자 책계(責契)에게 명령해 내외군사(內外軍事)를 감독하게 했다.

● 이십삼 년(서기 286년), 병오(丙午), 이월,
고구리가 대방(帶方)을 공격해왔다.
대방(帶方)이 백제에게 구원을 요청하여
왕이 태자에게 명령해 대방을 구원했다.

고구리가 백제를 원망하며 변방을 침략하고자 했다.
그리하여 장정들을 징발해
위례성(慰禮城)과 아단성(阿旦城), 사성(蛇城)을 수리하여
고구리의 침략을 대비했다.

십일월, 왕이 승하하셨다.

태자 책계를 왕으로 세웠다.
태왕이 총애하는 아들로, 효성과 우애가 있으며 백성을 사랑하고, 일찍 일어나 밤이 늦어야 잠이 들었으며 근검하며 평범했고, 나라는 태평하였으나, 항상 외적의 침입을 근심하시며 편안히 살아본 적 없이 생을 마치셨다.
춘추 52세이셨고, 나라 사람들이 애통해했다.

連戰於熊谷互有勝負
二十年癸卯六月帶方王治蒞于農立請婚王以第
十五女為夫里妻之
二十一年甲辰七月新羅來侵戰于烽山不利命太
子貴須監內外軍事
二十三年丙午二月麗伐帶方、之請救王命太子
救之麗怨我將欲侵邊乃發丁夫修菁蛾禮城及
阿旦城蛇城而備之
三十一月王薨太子貴須立王以太王寵于孝友愛
民風興徙保勤儉下士國家大治而常慶外強未
常安居而薨春秋五十二國人痛衷之國歌王

구수왕(仇首王)

초고왕의 큰아들이고 소머리를 취한다는 뜻이다.
키가 칠 척이고, 엄숙한 용모와 장중한 태도를 보였으며,
빼어나고 특출났다.

● 삼 년(서기 216년), 병신(丙申), 팔월,
말갈이 침입해서 적현성(赤峴城)을 포위했다.
성주가 굳게 도적들을 막아 퇴각했다.
왕이 기마병 800명을 이끌고 추격하여, 사도성(沙道城) 아래서
전투해 말갈을 격파하고, 아주 많은 무리를 죽였다.

● 사 년(서기 217년), 정유(丁酉), 이월,
사도성 측면 동서(東西) 십리(十里) 거리에 2개의 책(二柵)을
설치하고, 적현성 병졸을 나누어 2개의 책(柵)을 지키도록 했다.

● 오 년(서기 218년), 무술(戊戌), 칠월,
신라 장산성(獐山城)을 공격했으나 성공하지 못했다.

● 칠 년(서기 220년), 경자(庚子), 사월,
왕성(王城) 서문에 불이 났다.
말갈이 북쪽 변방을 노략질했다.

● 팔 년(서기 221년), 신축(辛丑), 오월,
나라의 동쪽 대수산(大水山) 40여 곳이 무너졌다.

삼월, 공손강(公孫康)이 죽고 동생 공손공(公孫恭)이 왕이 됐다.

팔월, 한수(漢水) 서쪽에서 대열병(大閱)을 했다.

仇首王 肖古王之長子也 身長七尺威儀秀異 肖古在位四十九年薨卽位

三年丙申八月靺鞨來圍赤峴城之主固拒賊退歸 王帥勁騎八百進之戰沙道城下破之殺獲甚衆

四年丁酉二月設二柵於沙道城側東西相去十里 分赤峴城卒戍之

五年戊戌七月攻新羅獐山城不利

七年庚子十月王城西門火 靺鞨寇北邊

八年辛丑四月公孫度東大水山崩四十餘所 八月大閱於漢水之西

●구 년(서기 222년), 임인(壬寅), 이월,
제방(堤防)을 쌓고, 농사를 권장했다.
유월, 수도에 물고기가 비처럼 내렸다.

시월, 신라 우두진(牛頭鎭)을 공격하고 마을을 약탈했다.
신라의 장수 충훤(忠萱)이 병사 5,000명을 이끌고 웅곡(熊谷)에서
응전했으나 대패하고, 단기필마로 도망갔다.

●십일 년(서기 224년), 갑진(甲辰), 칠월,
신라 일길찬(一吉湌) 연진(連珍, ?~?, 신라 내해이사금 때 관리)이
침략해왔다. 아군이 봉산(烽山) 아래서 응전했으나 대패했다.
병졸 1,000여명이 죽었다.
팔월, 신라가 봉산성을 쌓았다.

다른 기록에는
초고왕(肖古王)이 병오년(서기 226년)에 즉위했다고 한다.

●십오 년(서기 228년), 무신(戊申), 모월,
공손연(公孫淵)이 공손공(公孫恭)의 왕위를 협박하여 빼앗았다.

●십육 년(서기 229년), 기유(己酉), 시월,
왕이 한천(寒泉)에 사냥을 갔다.
십일월, 큰 역병이 돌았다.

말갈이 우곡(牛谷)의 경계에 들어와
사람과 재물을 빼앗고 노략질했다.
정병 300명을 말갈을 막으러 보냈으나, 복병을 만나 대패했다.

●십팔 년(서기 231년), 신해(辛亥), 칠월,
신라가 감문국(甘文國)을 쳐부수고 군(郡)으로 삼았다.

●이십일 년(서기 234년), 갑인(甲寅), 모월,
왕이 승하하셨다. 나이 45세이다.

九年壬寅二月修堤防勸農事
六月王都雨魚
十月攻新羅牛頭鎭抄掠民戶羅將忠萱領兵五
千逆戰於熊谷大敗單騎而遁
十一年甲辰七月新羅一吉湌連珍來侵我軍逆戰
於烽山下大敗損失一千餘率
八月新羅築烽山城
十六年己酉十月王田於寒泉
十七年大疫靺鞨入牛谷界奪掠人物遣精兵
二十一年甲寅三月對盧過賊伏兵而大敗

고이왕(古爾王)

개루왕(蓋婁王)의 둘째 아들이며, 오리를 얻다(取鴨之義也)는 뜻이다. 구수왕(仇首王)의 장자 사반왕(沙伴王)이 보위를 이었으나 어려서 정사를 볼 수 없어, 왕이 초고왕 동생을 즉위시켰다.

● 삼 년(서기 236년), 병진(丙辰,) 시월,
왕이 서쪽물 큰섬(西海大島)에서 사냥을 했다.
직접 활을 쏴서 사슴 40마리를 잡았다.

● 오 년(서기 238년), 무오(戊午), 정월,
하늘과 땅에 제사를 지내고, 북을 치고 나팔을 불었다.

이월, 부산(釜山)에 사냥을 나가, 50일 후 돌아왔다.

사월, 지진이 났다.
왕궁 문주(門柱:문기둥)에서
황룡이 나타나 그 문에서 날아 올랐다.

팔월, 공손연(公孫淵)이 사마의(司馬懿)에게 참형을 당했다.

● 칠 년(서기 240년), 경신(庚申), 봄,
신라의 서쪽 변방을 공격했다.
이때 신라가 감문골(甘文骨)을 탄병(呑倂)하고 군(郡)으로 삼았다.

사월, 진충(眞忠)을 좌장으로 삼고, 내외 병마사(內外兵馬事)로 위임했다.

古爾王

蓋婁王之第二子也取鴨之義也仇首王之長子
沙伴嗣位而幼少不能爲政故王以肖古王母弟
嗣位

三年丙辰十月王獵西海大島手射四十鹿
五年戊午正月祭天地用鼓吹
十二月田於釜山五旬而返
四月震王宮門柱黃龍自其門飛出
七年庚申春攻新羅西鄙時新羅呑倂曰戈肯伐爲
益郡
八日公孫度
四月拜真忠爲左將委以內外兵馬事

칠월, 석천(石川)에서 대검열(大閱)을 했다.
기러기 두 마리가 냇가 위에서 날아오르자
왕이 활을 쏴서 다 명중시켰다.

● 구 년(서기 242년), 임술(壬戌), 이월,
백성들에게 명령해 남쪽 택지(南澤)에 논을 개척하게 했다.

사월, 숙부 질(質)을 우보(右輔)로 삼았다.
질(質)은 성격이 충성스럽고 의연하여, 일하는데 실수가 없다.
칠월, 서쪽 문(西門)으로 나가 활 쏘는 것을 보았다.

● 십 년(서기 243년), 계해(癸亥), 정월,
큰 단(大壇)을 설치하고 천지(天地) 산천(山川)에 제사를 올렸다.

● 십이 년(서기 245년), 을축(乙丑), 시월,
고구리가 신라 ○○을 침략했으나 함락하지 못하고...

● 십삼 년(서기 246), 병인(丙寅),
여름, 크게 가물어 보리 수확을 못 했다.

팔월, 위(魏)나라
유주자사(幽州刺史) 무구검(毌丘儉 = 관구검 毌丘儉)이
낙랑태수(樂浪太守) 유무(劉茂)와
삭방태수(朔方太守) 왕준(王遵)과 함께 고구리를 쳤다.

왕이 빈틈을 타 좌장(左將) 진충(眞忠)을 보내
낙랑변방의 마을을 습격하여 가졌다.
낙랑태수 유무가 그 소식을 듣고 화를 내니,
백제 왕이 침략당할 것이 걱정되어 그 백성들을 돌려보냈다.

● 십사 년(서기 247년), 정묘(丁卯), 정월,
남단(南壇)에서 하늘과 땅에 제사를 올렸다.
이월, 진충(眞忠)을 우보(右輔),
진물(眞勿)을 좌장(左將)으로 삼고, 병마사를 위임했다.

七月大閱於石川雙峴起於川上王射之皆中
九年壬戌二月命國人開稻田於南澤斷山澤
四月以叔父質萬右輔質性忠毅謀事無失
七月出西門觀射
十年癸亥正月設大壇祀天地山川
十三年丙寅夏大旱無麥
八月鵄岳州刺使世立儉與裴浪太守劉戌朔方
太守王連伐高句麗王乘虛遣左將眞忠襲取樂
浪邊民茂聞之怨王悉見優討還其民口
十四年丁卯正月祭天地於南壇
二月拜眞忠爲右輔眞勾爲左將委以兵馬事

● 십오 년(서기 248년), 무진(戊辰),
봄과 여름에 가물어 겨울에 백성들이 굶주렸다.
창고를 열어 나눠줬다(發倉賑恤). 또다시 1년 치 조세를 조정했다.
다른 기록에는 구수왕(仇首王)은 갑술년(254년)에
보위에 올랐다고 한다.

● 이십이 년(서기 255년), 을해(乙亥), 구월,
신라와 괴곡(槐谷) 서쪽에서 싸웠다.
그 장수 익종(翊宗:신라 첨해 이사금 때 이벌찬)을 죽였다.

시월, 신라 봉산성(烽山城)을 공격했으나 이기지 못했다.

● 이십사 년(서기 257년), 정축(丁丑), 정월, 크게 가물었다.
나무들(樹木)이 모두 말랐다.

● 이십오 년(서기 258년), 무인(戊寅), 봄
말갈족장 라갈(羅渴)이 좋은 말(良馬) 10마리(十匹)를 바쳤다.
왕이 사신을 크게 칭찬하며 위로해 돌려보냈다.

● 이십육 년(서기 259년), 기묘(己卯), 구월,
청자운(靑紫雲)이 일어 동궁(東宮)이 누각(樓閣) 같았다.

● 이십칠 년(서기 260년), 경진(庚辰), 정월,
내신좌평(內臣佐平, 선납사宣納事 관장),
내두좌평(內頭佐平, 고장사庫藏事 관장),
내법좌평(內法佐平, 예의사禮儀事 관장),
위사좌평(衛士佐平, 숙위사宿衛事 관장),
조연좌평(朝筵佐平, 형옥사刑獄事 관장),
병관좌평(兵官佐平, 외병마사外兵馬事 관장)
을 설치하고.

十五年戊辰春夏旱冬民饑發倉賑恤又復一年租
調〇〇仇首玉以軍成立
二十二年乙亥九月與新羅戰於槐谷西殺其將翊
宗槐谷今報恩地陽城
二十月攻新羅烽山城不克
二十四年丁丑大旱樹木皆枯
二十五年戊寅春蘇鵲長羅湯獻良馬十匹王優勞
使者以還之
二十六年己卯九月青紫雲起宮東如樓閣
二十七年庚辰正月置內庭佐平掌宮內事內頭佐平掌
庫藏事內法佐平掌禮儀事衛士佐平掌宿衛事朝廷佐平掌刑獄事

또
달솔(達率), 은솔(恩率), 덕솔(德率), 한솔(扞率), 나솔(奈率),
장덕(將德), 시덕(施德), 고덕(固德), 계덕(季德), 대덕(對德),
문독(文督), 무독(武督), 좌군(佐軍), 진무(振武), 극우(克虞)
를 설치하였다.

6좌평(六佐平)을 나란히 1품(一品),
달솔 2품(二品),
은솔 3품(三品),
덕솔 4품(四品),
한솔 5품(五品),
나솔 6품(六品),
장덕 7품(七品),
시덕 8품(八品),
고덕 9품(九品),
계덕 10품(十品),
대덕 11품(十一品),
문독 12품(十二品),
무독 13품(十三品),
좌군 14품(十四品),
진무 15품(十五品),
극우를 16품(十六品)으로 했다.

이월, 명령을 내려
6품 이상 관복은, 자색에 은화로 장식된 관을 쓰게 하고,
11품 이상 관복은, 비색,
16품 이상 관복은, 청색으로 하게 했다.

삼월, 왕의 동생 우수(優壽)를 내신좌평으로 삼았다.

● 이십팔 년(서기 261년), 신사(辛巳), 정월 초하루,
백제 왕의 옷은 자색에 대수포(大袖袍:소매가 넓은 도포),
푸른 비단 바지, 금화장식의 오라관을 쓰고, 흰 가죽띠를 두르고,
검은 가죽신을 신고 남당(南堂)에 앉아 보고를 받고 정사를 폈다.

矣官佐平為朝外矣又置達率恩率扦率奈率
及將德施德固德季德對德文督武督佐軍振武
克虞六佐平並一品達率二品恩率三品德率四
品扞率五品奈率六品將德七品施德八品固德
九品季德十品對德十一品文督十二品武督十
三品佐軍十四品振武十五品克虞十六品
二月下令六品已上服紫以銀花飾冠十一品己
上服緋十六品己上服青
三月以王弟優壽為內臣佐平
二十八年辛巳正月初吉王服紫大袖袍青錦袴金
花飾為羅冠素皮帶烏皮履坐南堂聽事

이월, 진가(眞可)를 내두좌평(內頭佐平), 우두(優豆)를 내법좌평(內法佐平), 고수(高壽)를 위사좌평(衛士佐平), 곤노(昆奴)를 조연좌평(朝筵佐平), 유기(惟己)를 병관좌평(兵官佐平)으로 삼았다.

삼월, 신라에 사신을 보내 화친을 청했으나 따르지 않았다.

● 이십구 년(서기 262년), 임오(壬午), 정월,
모든 관원에게 명령하여 뇌물을 받거나 도적질을 한 자는 3배로 징수하고 평생 감옥(禁錮終身)에 가두게 했다.
다른 기록에는 구수왕이 갑신년(서기 264년) 승하하셨다고 한다.

● 삼십일 년(서기 264년), 갑신(甲申), 오월,
다른 기록에는 고이왕(古爾王)이 갑신년(서기 264년)에 보위에 올랐다고 한다.

● 삼십삼 년(서기 266년), 병술(丙戌), 팔월,
신라 봉산성(烽山城)을 공격했다.
봉산성주(烽山城主) 직선(直宣, ?~?, 신라 미추 이사금 때 성주)이 장사(壯士) 200명을 이끌고 와서 응전했다. 아군이 이기지 못했다.

● 삼십구 년(서기 272년), 임진(壬辰), 십일월,
병사를 보내 신라를 침략했다.

● 사십오 년(서기 278년), 무술(戊戌), 시월,
출병하여 신라를 공격하고, 괴곡성(槐谷城)을 포위했다.

● 오십 년(서기 283년), 계묘(癸卯), 구월, 신라변경을 공격했다.
시월, 괴곡성을 포위했다.

● 오십일 년(서기 284년), 갑진(甲辰), 오월,
책계(責稽)의 아들 분서(汾西)가 태어났다.

● 오십삼 년(서기 286년), 병오(丙午), 삼월,
사신을 신라에 보내 화친 요청을 했다.

二月拜真可爲內頭佐平優豆爲內法佐平高壽
爲衛士佐平昆奴爲朝廷佐平惟己爲兵官佐平
三月遣使新羅請和不從
二十九年壬午正月下令凡官人受財及盜者三倍
徵贓禁錮終身
三十一年甲申九月我王以犯菁王以里申甍
三十三年丙戌八月玖新羅烽山城主直宣奮壯
士二百人迎擊我軍𣪍不利
三十九年壬辰十一月遣兵侵新羅
四十五年戊戌十月出兵攻新羅圍槐谷城
五十年癸卯九月玫新羅邊境十月圍槐谷城
五十一年甲辰表請
五十三年丙午三月遣使新羅請和

십이월, 왕이 승하하셨다.
다른 기록에는 고이왕(古爾王)은 갑신년(서기 264년)에 보위에
올랐고 재위 23년에 향년 92세라고 말한다.

책계왕(責稽王)

고이왕의 아들이고, 키가 컸으며, 패기 넘치고, 영웅호걸이었다.
책계는 당연히 구두(仇頭)라고 읽고 소머리를 취한다는 뜻이다
(取牛首之義也).

● 원년(286년) 병오,
왕이 일꾼(丁夫)을 보내 위례성(慰禮城)을 수리했다.

고구리가 대방(帶方)을 쳤다.
대방(帶方)이 백제에게 구원 요청을 했다.
이전에, 백제왕이 대방왕의 딸 보과(寶菓)를 아내로 맞아들였다.
그리하여 대방과 우리(백제)는 장인과 사위의 나라이기에,
그 구원 요청을 안 들어줄 수가 없었다.

마침내 출사(出師)를 하여 대방(帶方)을 구원하였다.
고구리 왕이 분노하였고, 왕은 침략당할 것을 예상하여
아단성(阿旦城), 사성(蛇城)을 보수하고 고구리 공격에 대비했다.

● 이 년(서기 287년), 정미(丁未), 정월,
동명묘(東明廟)를 방문했다.

● 사 년(서기 289년), 사월,

● 칠 년(서기 292년), 임자(壬子), 유월,
왜가 신라 사도성(沙道城)을 공격하여 함락시켰다.

十一月王薨 弟云古雛王以甲申歲立在位二十三年壽九十二

責稽王

古雛王子身長大志氣雄傑責稽嘗讀仇頽示敢件首之義也

元年丙午王發丁夫葺慰禮城
高句麗伐帶方、請救於我先是王娶帶方王女寶菓爲夫人故曰帶方我舅甥之國不可不副其請遂出師救之高句麗王怨王慮其侵寇修阿旦城蛇城而備之

二年丁未正月謁東明廟□□□□□□□□□□□□□□
□□□□六月倭□□□□□□

● 구 년(서기 294년), 갑인(甲寅), 여름,
왜가 신라 ○○성을 공격했다.

● 십삼 년(서기 298년), 무오(戊午), 구월,
한(漢)과 맥인(貊人)이 침입해왔다.
왕이 나가서 막았으나 적병에게 상처를 입어 승하하셨다.

분서왕(汾西王)

책계왕(責稽王)의 큰아들이다.
어려서 총명하고 지혜로웠으며 용모가 영준하고 빼어났다.
왕이 사랑하고 사랑하여 곁에서 떠날 줄을 몰랐다.
이때 즉위하였다.

● 이 년(서기 299년), 기미(己未), 정월, 동명 사당을 방문했다.

● 삼 년(서기 300년), 경신(庚申),
이월, 비열홀(比列忽)을 순행했다.
삼월, 우두산(牛頭山)에 이르러
태백산(太白山)에서 제사(望祭)를 지냈다.

● 사 년(서기 301년), 신유(辛酉),
분서왕(汾西王)의 아들 계왕(契王)이 태어났다.
어미는 사씨이다.

● 칠 년(서기 304년), 갑자(甲子), 이월,
몰래 출병하여 낙랑의 4개 현을 습격해서 뺏았다.

시월, 왕이 낙랑태수가 보낸 자객에게 상처를 입어 승하하셨다.

十三年戊午九月漢與貊人來侵王出禦爲賊兵所
害而薨

汾西王
責稽王長子幼而聰惠儀表英挺王愛愛不離左
右立至是卽位
二年己未正月謁東明廟
七年甲子二月潛師襲取樂浪西縣
十月王爲樂浪太守所遣刺客所害而薨

責涂
比流王

비류왕(比流王)

비류(比流)와 비류(沸流)는 같은 뜻이다.

구수왕의 둘째 아들이고,
성품이 너그럽고 자애로우며, 사람 또한 강인하고, 활을 잘 쏘았다.
오랫동안 백성들 사이에서 높은 명성(명예)의 소문이 자자했다.
분서왕(汾西王)이 승하하셨을 때 그 아들들은 모두 어렸다.
그리하여 신하와 백성들이 비류(比流를) 추대하여 즉위했다.

● 구 년(서기 312년), 임신(壬申), 이월,
사신을 보내 백성의 괴로움(疾苦)을 순문(巡問:순행하며 묻다)
하고, 홀아비, 과부, 고아, 홀로 지내 스스로 살아갈 수 없는 자들
에게 곡식 3석을 하사했다.
사월, 동명묘를 방문했다.
해구(解仇)를 병관좌평(兵官佐平)으로 삼았다.

● 십 년(서기 313년), 계유(癸酉), 정월,
남쪽 교외에서 하늘과 땅에 제사를 올리고,
왕이 직접 제물을 (칼로) 가르셨다.

● 십삼 년(서기 316년), 병자(丙子), 봄 가물었다.
큰 별이 서쪽으로 흘렀다.
사월, 수도의 우물물이 넘쳤고, 그 속에서 흑룡(黑龍)이 보였다.

● 십칠 년(서기 320년), 경진(庚辰), 팔월,
궁궐의 서쪽에 활터(射臺)를 쌓고,
매월 초하루와 보름에 활쏘기를 했다.

● 십팔 년(서기 321년), 신사(辛巳), 정월,
왕이 이복동생(庶弟) 우복(優福)을 내신좌평(內臣佐平)으로 삼다.

沘流與沸流同義也仇首王之第二子巴性寬慈
愛人又強力善射久在民間令譽流聞汾西之甍
其子皆幼故立仇推戴之而即位
九年壬申二月發使巡問百姓疾苦其鰥寡孤獨不
能自存者賜穀三石
四月謁東明廟 拜解仇滿兵官佐平
十年癸酉正月祀天地於南郊王親割牲
十三年丙子春旱大星西流
四月王都井水溢黑龍見其中
十七年庚辰八月築射臺於宮西每以朔望習射
十八年辛巳正月以王庶弟優福為內臣佐平

칠월, 태백주(太白晝)
남부에서 메뚜기떼에 곡식이 해를 입었다.

● 이십이 년(서기 325년), 을유(乙酉), 시월,
하늘에서 풍랑이 서로 부딪히는 듯한 소리가 들렸다.
십일월, 왕이 북쪽 구원(狗原北)으로 사냥을 가 직접 사슴을 쐈다.

● 이십사 년(서기 327년), 정해(丁亥), 구월,
내신좌평 우복(優福)이 북한성(北漢城)을 점거하고
반란을 일으켰다.
왕이 병사를 보내 우복을 토벌했다.

● 이십팔 년(서기 331년), 신묘(辛卯), 봄 여름
크게 가물어 칠월이 돼서야 비가 내렸다. 백성들이 굶주렸다.

● 삼십 년(서기 333년), 계사(癸巳), 오월,
별이 떨어졌다.
왕궁이 불타고 마을까지 번져 태웠다.
시월, 궁실(宮室)을 수리하고, 진의(眞義)를 내신좌평으로 삼았다.

● 삼십사 년(서기 337년), 정유(丁酉), 이월,
신라 사신이 방문했다.

● 사십일 년(서기 344년), 갑진(甲辰), 사월, 왕이 승하하셨다.

七月太白晝見國南蝗害穀

二十二年乙酉十月天有聲如風浪相激

二十三年一月王獵於狗原北手射鹿

二十四年九月內臣佐平優福據北漢城叛王發兵討之

二十八年辛卯春夏大旱至七月而雨民饑

三十年癸巳五月星隕王宮火連燒民戶

十月修宮室 拜眞義爲內臣佐平

三十四年丁酉二月新羅使來聘

四十一年甲辰十月王薨

계왕(契王)

분서왕(汾西王)의 큰아들이다.
타고난 자태가 굳세고 용감하며, 말 타고, 활쏘기를 잘했다.
분서왕이 서거했을 때 어려서 즉위하지 못했지만
이 때(갑신년 344년) 즉위했다.
계(契)와 기루(己婁)는 같은 뜻이다.

● 삼 년(서기 346년), 병오(丙午), 구월, 왕이 승하하셨다.

근초고왕(近肖古王)

근초고(近肖古)는 비류왕(比流王)의 둘째 아들이다.
풍채와 용모가 훌륭했고, 원대한 식견이 있었다.
근초고는(近肖古者) 후세가 옛 선조를 닮았다는 뜻이며,
(後肖古之義也) 옛 선조와 크게 닮았다는 뜻이기도 하다.
(亦大肖古之義也)

● 원년(서기 346년), 병오(丙午),
왜가 신라를 침입해서 금성(金城)을 에워쌌다.

● 이년(서기 347년), 정미(丁未), 정월,
천지와 신지(天地神祇)에 제사를 올렸다.
진정(眞淨, ?~?)을 조연좌평(朝筵佐平)으로 삼았다.
진정(淨)은 왕후의 친척으로 성격이 흉악하고 괴팍하며(狠戾)
어질지를 못했다. 일을 할때(臨事) 까다롭고 옹졸했다.
세력을 믿고(侍勢) 자기 스스로 옳다고 여기기에, 백성들이
그를 미워했다.

契王

汾西王之長子也天姿剛毅善騎射汾西之薨幼
不得立至是即位契與乙旦同義
三年丙午九月王薨

近肖古王

近肖古比流王第二子也體貌奇偉有遠識近肖
古者徳肖古之義而亦有大肖古之義也
二年丁未正月祭天地神祇辟真淨滿朝廷佐平淨
王伯親戚性狼戾不仁臨事奇細恃勢自用國人
疾之

● 십일 년(서기 356년), 병진(丙辰), 사월,
신라 내물왕(奈勿王) 즉위

● 이십일 년(서기 366년), 병인(丙寅), 삼월,
사신을 신라에 보냈다.

● 이십삼 년(서기 368년), 무진(戊辰), 삼월,
사신과 함께 신라에 좋은 말(良馬) 2마리(二匹)를 보냈다.

● 이십사 년(서기 369년), 기사(己巳), 구월,
고구리 왕 사유(斯由:고국원왕)가
보기(步騎:보병과 기병) 20,000명을 이끌고 와서
치양(雉壤)에 주둔하고, 병사를 나누어 마을을 침탈했다.
왕이 태자를 보내 병사들을 이끌고 곧바로 치양(雉壤)에 이르러
급습(急擊)하여 고구리군을 쳐부숴, 5,000여 명의 목을 베고,
획득(虜獲)한 수급을 장졸들에게 나누어 주었다.

십일월, 한수(漢水) 남쪽에서 대검열(大閱)을 하고,
기치(旗幟:군대에서 쓰는 깃발)를 모두 황색(黃色)으로 했다

● 이십육 년(서기 371년), 신미(辛未), 모월,
고구리가 병사를 일으켜(擧兵) 왔다.
왕이 그 소식을 듣고 패하(浿河) 상류에 병사를 매복시키고(伏兵)
고구리군이 올 때까지 기다린 후 급습하자
고구리 병사들이 패배하여 달아났다.

겨울, 시월,
왕이 태자와 함께 정병(精兵) 30,000명(三萬)을 이끌고
고구리를 침입하여 평양성(平壤城)을 공격했다.
고구리 왕 사유(斯由:고국원왕)가 힘껏 싸워 막았으나
유시(流矢:누가 쏜 지 모르는 화살)에 맞아 죽었다.
왕이 군사를 돌려 수도인 한산(漢山)으로 퇴각을 했다.

十一年丙戌四月新羅奈勿主
二十一年丙寅三月遣便聘新羅
二十三年戊辰三月遣使新羅送良馬二匹
二十四年己巳九月高句麗王斯由帥步騎二萬來
屯雉壤分侵奪民戶王遣太子以兵徑至雉壤急
擊破之獲五千餘級其虜獲分賜將士
十一月大閱於漢水南旗幟皆用黃
二十六年辛未冬月高句麗舉兵來王聞之伏兵於
浿河上侯其至急擊之高句麗兵敗北
冬十月王與太子帥精兵三萬侵高句麗攻平壤
城麗王斯由力戰拒之中流矢死王引軍退

契賞
二 移都漢山

●이십칠 년(서기 372년), 임신(壬申), 정월,
사신을 진(晉)나라에 보냈다.

●이십팔 년(서기 373년), 계유(癸酉), 이월,
사신을 진(晉)나라에 보냈다.

칠월, 청목령(靑木嶺)에 성을 쌓았다.
독산의 성주(禿山城主)가 200명을 이끌고 신라로 도망갔다.

●삼십 년(서기 375년), 을해(乙亥), 칠월,
고구리가 북쪽 변경(北鄙) 수곡성(水谷城)을 공격해
함락시켰다.
왕이 장수를 보내 고구리군을 막았으나 이기지 못했다.
왕이 다시 크게 군사를 일으켜(大擧兵) 치욕을
갚으려 했으나 그해 흉년이 들어 실현되지 않았다.

십일월, 왕이 승하하셨다.

옛 기록에(古記) 말하길(云)
백제는 개국(開國) 이래 역사를 문자로 기록한 적이 없었으나
이때 비로소 박사(博士)고흥(高興, ?~?, 백제 근초고왕 때 학자)
을 얻어 비로소 역사를 기록하는 사람이 생겼다.

그러나 고흥은 다른 책에 기록된 적이 없어서
어떤 사람인지 알 수가 없다.

二十七年壬申正月遣使于晉
二十八年癸酉二月遣使于晉
七月築城於青木嶺
先山城志辛三百人奔于新羅
三十年已亥七月高句麗來攻北鄙水谷城陷鄙恩
陷之王遣將拒之不克王又將大舉兵報之以年
荒不果
十一月王薨
古記云百濟開國以來未有以文字記事至是得
博士高興始有書記然高興未嘗顯於他書不知
其何許人也

근구수왕(近仇首王)

근초고왕의 아들이다.
이에 앞서 고구리 왕 사유(斯由:고국원왕)가 침입해왔을 때,
왕이 태자에게 사유(斯由:고국원왕)를 막도록 했다.

반걸양(半乞壤)에 이르러 전투를 하려고 했다.

고구리인 사기(斯紀, ?~?)는 본래 백제인이었나 말 관리 중,
말 다리가 다치자, 그 죄가 두려워 고구리로 도망쳤다가
후에 다시 백제로 돌아왔다.
태자에게 아뢰길 "고구리는 병사가 비록 많기는 하나 모두가 머릿수만 채워놓은 것뿐입니다. 용감하고 날랜 병사들은 붉은 깃발(赤旗)입니다. 만약 먼저 붉은 기를 쳐부순다면 나머지는 공격하지 않아도 스스로 무너질 것입니다."
라고 하자 태자가 그 말에 따라 공격해 나가
고구리군을 대패시키고,
추격해 북으로는 수곡(水谷)의 서북까지 이르렀다.

장군 막고해(莫古解, ?~?)가 간언하길
"도가(道家)의 말에는 마땅히 만족함을 알면 욕먹지 않고,
그만할 때를 알면 위태롭지 않다고 했습니다.
오늘 얻은 바가 많은데 굳이 더 많이 얻으려 하시옵니까?"라고
하니 태자가 "그럼 그만하는 것이 좋겠소" 하고 멈추었다.

이에 돌을 쌓아 표시하고, 그 위에서 좌우를 돌아보며 말하길
"오늘 이후로 누구든지 능히 이 땅까지 사용할 수 있다."
그 곳은 바위와 돌이 있고, 갈라진 틈이 말발굽같이 생긴 땅이다.
오늘에 이르러 사람들은 태자의 말발굽이라고 부른다.

近仇首王 … …

近肖古主之子也先是高句麗王斯由來侵
太子拒之至半乞壤持戰麗人斯紀者本百濟人
誤傷馬蹄懼罪奔彼至是還來告于太子曰彼
師雖多皆備數而已其驍勇唯赤旗先破之其
餘不攻自潰太子從之進擊大敗之進奔遂北至
於水谷之西北將軍莫古解諫曰嘗聞道家之言
知足不辱知止不殆今所得多矣何必求多太子
善之而此焉乃積石為表登其上顧左右曰今日
之後疇克再於此乎其地有岩石錆若馬蹄者

地人至今呼為太子馬蹄

● 이년(서기 376년), 병자(丙子),
왕의 외숙 진고도(眞高道, ?~?)를
내신좌평(內臣佐平)으로 삼고 나랏일을 맡겼다.

십일월, 고구리가 북방 변경을 침입했다.

● 삼 년(서기 377년), 정축(丁丑), 시월,
왕이 병사 30,000명을 거느리고 고구리 평양성을 침략했다.

십일월, 고구리가 침입해왔다.

● 오 년(서기 379년), 기묘(己卯), 삼월,
사신을 보내 진(晋)나라로 들어가려 했으나,
물위(海上)에서 심한 바람을 만나, 가지 못하고 돌아왔다.

● 팔 년(서기 382년), 임오(壬午),
봄에 가뭄이 유월까지 이어져 백성의 굶주림이 극심했다.
자식을 판 사람이 있으면 곡식을 내어줘 바꾸게 했다.

● 십 년(서기 384년), 갑신(甲申), 이월,
해무리(日暈)가 삼중(三重)으로 나타났다.
궁중의 큰 나무가 저절로 뽑혔다.
사월, 왕이 승하하셨다.

침류왕(枕流王)

근구수왕(近仇首王)의 큰아들(元子)이고,
어머니가 아이부인(阿尒夫人, ?~?)이다.
침류(枕流)는 다루(多婁)란 뜻이다.

二年丙子以王舅真高道爲内臣佐平委以政事

十一月高句麗來侵北鄙

三年丁丑十月王將與三萬侵高句麗平壤城

十一月高句麗來侵

五年己卯三月遣使如晉海上遇惡風不達而還

八年壬午春旱至六月民飢至有鬻子出穀賑貸之

十年甲申二月日暈三重宮中大樹自拔

四月王薨

枕流王

枕流王諱仇首王之元子母曰阿你夫人枕流義同多婁

●원년(서기 384년), 갑신(甲申), 칠월,
진(晋)나라로 사신을 보냈다.
구월, 북방 승려(胡僧) 마라난타(摩羅難陀)가
진(晋)나라로부터 왔다.
왕이 그를 영접하고,
궁내(宮內)로 들여 예경(禮敬: 부처나 성현에게 예배함)했다.
불법(佛法)은 이때 시작되었다.

●이 년(서기 385년), 을유(乙酉), 이월,
한산(漢山)에 절(佛寺)을 짓고, 10명이 출가를 했다(度僧十人).

십일월, 왕이 승하하셨다.

진사왕(辰斯王)

근구수왕(近仇首王)의 둘째 아들이고, 침류(枕流)의 동생이다.
사람 됨이 용맹하고(强勇), 총명하면서 슬기롭고(聰慧),
지략(智略)이 많았다.
침류왕이 승하할 때 태자가 어렸다.
그런 이유로 진사(辰斯)[11]가 즉위했다.

●이 년(서기 386년), 병술(丙戌), 봄
백성 중 15세 이상을 보내 관문(關防)을 설치했다.
청목령(靑木嶺)에서부터
팔곤성(八坤城) 서쪽으로 물(海)까지 이르렀다.

---

11) 진사의 뜻은 동명과 같다(辰斯義同東明)

元年甲申七月遣使入晉朝貢
九月胡僧摩羅難陀自晉至王迎之致宮內禮敬
焉佛法始於此
二年乙酉二月創佛寺於漢山度僧十人
十月王薨

辰斯王
近仇首仲子枕流之弟也爲人強勇聰慧多智略
枕流之薨太子幼少叔父辰斯卽位

二年丙戌春發國內人十五歲已上設關防自青木
嶺距八坤城西至於海

칠월, 서리가 내려 곡식에 해를 입혔다.

팔월, 고구리가 침입했다.

● 삼 년(서기 387년), 정해(丁亥), 정월,
진가모(眞嘉謨)를 달솔(達率)로 삼고,
두지(豆知)를 은솔(恩率)로 삼았다.

구월, 말갈(靺鞨)과 관미령(關彌嶺)에서 싸웠으나 이기지 못했다.

● 오 년(서기 389년), 기축(己丑), 구월,
왕이 병사를 보내 고구리 남쪽 변경을 침략했다.

● 육 년(서기 390년), 경인(庚寅), 구월,
왕이 달솔 진가모에게 명령하여 고구리를 치게 해서,
도압성(都押城)을 함락하고 포로 200명을 잡았다.
왕이 진가모를 병관좌평(兵官佐平)으로 삼았다.

시월, 구원(狗原)으로 사냥 가서 7일 후에 돌아왔다.

● 칠 년(서기 391년), 신묘(辛卯), 정월,
궁실을 중수하고, 연못을 파고(穿池), 산도 만들어(造山)
진기한 새들과 기이한 화초(奇禽異卉)를 키웠다.

사월, 말갈이 북쪽 변경의 적현성(赤峴城)을 공격하여 함락시켰다.

칠월, 수도 서쪽
큰 섬(大島)으로 사냥을 나가 왕이 친히 사슴을 쏘았다.

七月隕霜害穀

八月高句麗襲德

三年丁亥正月拜眞嘉謨爲達率豆知爲恩率
九月與縣輻戰於關彌嶺不捷
五年己丑九月王遣兵侵掠高句麗南鄙
六年庚寅九月王命達率眞嘉謨伐高句麗拔都押
城虜得二百人王拜嘉謨爲兵官佐平
十月獵於狗原七日乃還
七年辛卯正月重修宮室穿池造山以養奇禽異卉
四月靺鞨攻陷北鄙赤峴城
七月獵國西大島王親射鹿

팔월, 또 횡악(橫嶽)의 서쪽으로 사냥을 나갔다.

●팔 년(서기 392년), 임진(壬辰), 칠월,
고구리 담덕(談德, 광개토태왕)이
병사 40,000명을 이끌고 북쪽 변경을 공격해와
석현(石峴) 등 10여개의 성(城)을 함락시켰다.

왕은 담덕(광개토태왕)이 용병술에 능하다는 말을 들었기에,
나서서 막을 수가 없었다
그래서 한북(漢北)쪽의 여러 마을(諸部)이 다수 함락되었다.

시월, 고구리가 관미성(關彌城)을 공격해 함락시켰다.

왕이 구원(狗原)에 사냥을 나가 10일이 지나도 돌아오지 않았다.

십일월, 왕이 구원(狗原)의 행궁(行宮)에서 승하하셨다.

아신왕(阿莘王)

침류왕(枕流王)의 큰아들(元子)이다.
한성의 별궁(別宮)에서 갓 태어났을 때 신성한 빛이 밤을 환하게
밝혔다. 또 지기가 웅대하고, 호방하고 늠름했으며(壯志氣豪邁)
응마(鷹馬:매와 말)를 좋아했다.
침류왕이 승하했을 때에는 어려서 왕위에 오를 수 없었으나
지금에 이르러

八月又獵橫岳之西

八年壬辰五月高句麗讒德帥兵西芧來攻北鄙陷
石峴等十餘城王聞談德能用兵不得出拒漢北
諸部落多沒焉冬十月高句麗攻拔關彌城
十月高句麗攻拔關彌城
王田於狗原經旬不返
十一月王薨於狗原行宮

阿莘王或云阿芳枕流王之元子也初生於漢城別宮神光炫爐及
壯志氣豪邁好鷹馬枕流之薨幼少末能立至是

즉위했다.
아신(阿莘)은 삼베를 엮어 곰(熊)을 잡아 하백(河伯)으로 간다.
라는 뜻을 갖고 있다.

● 이 년(서기 393년), 계사(癸巳), 정월,
동명 묘를 방문하고, 남단(南壇)에서 하늘과 땅에 제사를 올렸다.

진무(眞武)를 좌장(左將)으로 삼고 병마사를 위임했다.
무(武)는 왕의 친 외삼촌(親舅)이다.
성품이 차분하고 조용하며(沈靜) 큰 지략을 갖고 있어 사람들이
그를 따랐다.

팔월, 왕이 진무에게 말하길
"관미(關彌)는 우리 북쪽 변경으로 요충(襟要)지요.
지금은 고구리에 뺏겼소. 이에 과인(寡人)은 몹시 애석하게 여기고
있소, 경은 심혈을 기울여 설욕(雪恥)을 해야 옳지 않겠소?"하자
마침내 계책을 세워 병사 10,000명을 이끌고
고구리 남쪽 변경을 쳤다.

진무가 몸소 병사들 앞에서 화살과 돌(矢石)을 무릅쓰니
마침내 석현(石峴) 등 5개 성(城)을 다시 뺏았다.
먼저 관미성을 포위하니 고구리인들이 굳게 지켰다.

진무는 군량 보급로(糧道)가 이어지지 않아 철병하여 돌아왔다.

● 삼 년(서기 394년), 갑오(甲午), 이월,
큰아들(元子) 전지(腆支)를 태자로 삼고, 대사면을 했다.
서제(庶弟) 홍(洪)을 내신좌평으로 삼았다.

即位阿莘當加麻叛熊及河伯之教也
二年癸巳正月謁東明廟又祭天地於南壇拜眞
武為左將委以兵馬事武王之親舅勇沈敢有大略
時人服之
八月王謂武曰關彌者我北鄙之襟要也今為高
句麗所有此寡人之所痛惜而卿之所宜用心而
雪恥也遂謀將兵一萬伐高句麗南鄙武身先士
卒以冒矢石竟援石峴等五城先圍關彌城彌人
嬰城固守武以糧道不繼引而退
三年甲午三月立元子腆支為太子大赦稱庶弟洪
為內臣佐平兼知

칠월, 고구리와 수곡성(水谷城) 아래서 전투했으나
처참히 패배했다.

● 사 년(서기 395년), 을미(乙未), 이월,
혜성(星孛)이 서북(西北)으로 뻗어있다가 20일 후에 없어졌다.

팔월, 왕이 좌장 진무(眞武)에게 고구리를 치라고 명령을 내렸다.
고구리 왕 담덕(談德, 광개토태왕)이
친히 병사 7,000명을 이끌고 와서
패수(浿水)의 상류에 진을 치고 맞서 싸웠다.
아군(我軍)이 대패했다. 죽은 사람이 8,000명이다.

구월, 말갈이 고구리 북변을 침략했으나 패했다.

십일월, 왕이 패수(浿水)의 일전을 갚고자 하여
친히 병사 7,000명을 이끌고,
한수(漢水)를 건넜으나 청목령(靑木嶺) 아래서 큰 눈(大雪)을 만나 병사들(士卒)이 많이 얼어 죽자 회군하여 한산(漢山)에 이르러 군사를 위로했다.

● 육 년(서기 397년), 정유(丁酉), 오월,
왕이 왜(倭)와 결연을 하고, 태자 전지(腆支)를 인질로 보냈다.

칠월, 한수(漢水) 남쪽에서 대검열(大閱)을 했다.

● 칠 년(서기 398년), 무술(戊戌), 이월,
진정(眞政)을 병관좌평(兵官佐平)으로 삼고,
사두(沙豆)를 좌장(左將)으로 삼았다.

삼월, 쌍현성(雙峴城)을 쌓았다.

七月與高句麗戰於水谷城下敗績
四年乙未二月星孛西北二十日而滅
八月王命左將奧武伐高句麗王諴德親帥兵
北行至浿水之上揖戰我軍大敗死者八千人
十一月王欲報浿水之役親帥七千人過漢水於
青木嶺下會大雪士卒多凍死迴軍至漢山城勞
軍士
六年丁酉五月王與倭國結好以太子腆支為質
七月大閱於漢水之南
七年戊戌二月以真政萬兵官佐平沙豆為右將
三月築雙峴城

팔월, 왕이 고구리를 공격하러 출동(出師)하여
한북(漢北)의 책 성(柵)에 이르렀다.
그날 밤 큰 별이 부대 안으로 떨어져 놀라게 했다.
왕은 그 증조가 몹시 안 좋기에 이내 공격을 그만두었다.

구월, 도성의 사람들을 모아 서대(西臺)에서 활쏘기를 시켰다.

● 팔 년(서기 399년), 기해(己亥), 팔월,
왕이 고구리를 치고자 병사와 군마(兵馬)를 크게 모았다.(大徵)
백성들이 전쟁에 괴로워하여
많은 사람이 신라(新羅)로 도망가, 인구(戶口)가 줄었다.

● 구 년(서기 400년), 경자(庚子), 이월,
혜성이 규루(奎婁)에서 나왔다.

● 십일 년(서기 402년), 임인(壬寅), 이월,
신라 실성(實聖)이 왕위(在位)에 올랐다.

오월, 사신을 왜(倭)국에 보내 큰 구슬(大珠)을 구했다.

● 십이 년(서기 403년), 계묘(癸卯), 이월, 왜(倭)국 사신이 왔다.
왕이 영접하여 사신을 위로하고, 특별히 후하게 대접했다.

칠월, 병사를 보내 신라의 변경을 침략했다.

● 십사 년(서기 404년), 을사(乙巳), 삼월,
백색 기운(白氣)이
왕궁 서쪽에서 시작되어 한 필의 바랜 비단(匹練) 같았다.

八月王將伐高句麗出師至漢北柵其夜大星落
營中有聲王深惡之乃止
九月集都人習射於西臺
八年己亥八月王欲侵高句麗大徵兵馬民苦於役
多奔新羅戶口衰減
九年庚子二月星孛于奎婁
十一年壬寅夏大旱禾苗燋枯王親祭橫岳乃雨
五月遣使倭國求大珠
十二年癸卯二月倭國使者至王迎勞之特厚
七月遣兵侵新羅邊境
十四年乙巳三月白氣自王宮西起如匹練

구월, 왕이 승하하셨다.

전지왕(腆支王)

아신왕(阿莘王)의 큰아들로 왜(倭)국에 인질로 가 있었다.
아신왕이 승하하자, 왕의 둘째 동생 훈해(訓解)가 나라를
다스리며 태자가 돌아오기(還國)를 기다렸으나,
셋째 동생 접례(碟禮)가 둘째 훈해를 죽이고 스스로 왕이 되었다.

전지(腆支)가 왜(倭)국에서 부고를 듣고 울면서
왜왕에게 귀국하기를 요청하자 병사 100명으로 호위해서 보냈다.

나라의 국경에 이르렀을 때 한성 사람 해충(解忠)이 와서 고하길
"대왕께서 서거하셨습니다.
셋째 접례가 형을 죽이고, 스스로 왕이 되었습니다.
태자께서는 가벼이 들어가시지 마시길 바랍니다"라고 하니
전지가 왜인을 남게 해 자신을 호위하고, 섬에서 기다리니

백성들이 접례를 죽이고 전지를 맞이하여 즉위시켰다.
왕비(妃)는 팔수부인(八須夫人)이고
아들 구이신왕(久尒辛王)을 낳았다.

● 이 년(서기 406년), 병오(丙午), 정월,
왕이 동명 묘를 방문하고,
남단에서 하늘과 땅에 제사를 올리고 대사면(大赦)을 했다.

九月主薨

映䀡支王

阿華王之元子出質於倭國聞華之薨王仲弟訓
解攝政以待太子還國李𣱳碟禮殺訓解自立為
王䀡支在倭聞訃哭泣請歸倭王以兵士百人衛
送既至國界漢城人解忠來告曰大王靠世碟禮
殺㓚自王顧太子無輕入䀡支當倭人自衛依海
嶋以待之國人殺碟禮迎䀡支即位妃八須夫人
生子之尒辛

二年丙午正月王謁原明廟祭天地於南壇大赦

사신을 진(晉)나라로 보냈다.
구월, 해충(解忠, ?~?)을 달솔(達率)로 삼고,
한성에 조(租) 1,000석을 내렸다.

● 삼 년(서기 407년), 정미(丁未), 이월,
서제(庶弟) 여신(餘信)을 내신좌평, 해수(解須)를 내법좌평,
해구(解丘)를 병관좌평으로 삼았는데
모두가 왕의 친척이다.

● 사 년(서기 408년), 무신(戊申), 정월,
여신(餘信, ?~429)을 상좌평으로 삼고, 군사와 국정을 맡겼다.
상좌평이란 직은 이때 시작되었는데 지금의 재상(冢宰)과 같다.

● 오 년(서기 409년), 기유(己酉),
왜국에서 사신을 보내 밤에도 빛나는 구슬(夜明珠)을 보내왔다.
왕이 예를 갖추어 사신을 대접했다.

● 구 년(서기 413년), 계축(癸丑), 팔월,
신라가 평양주(平壤州)에 큰 다리(大橋)를 만들었다.

● 십이 년(서기 416년), 병진(丙辰),
동진(東晉) 안제(安帝)가 사신을 보내
왕을 사지절 도독 백제 제군사 진동장군 백제왕
(使持節 都督 百濟 諸軍事 鎭東將軍 百濟王)에 책봉했다.

● 십삼 년(서기 417년), 정사(丁巳), 사월,
가뭄이 들어 백성이 굶주렸다.

칠월, 동북(東北) 2개의 부(二部) 사람 15세 이상을 징집해
사구성(沙口城)을 쌓고

遣使入蜀
九月以解忠為達率賜漢城租一千石
三年丁未二月拜辰斯餘信為內法佐平解須為內法佐平解丘為兵官佐平皆王戚也
四年戊申正月拜餘信為上佐平委以軍國政事上佐平之職始於此若今之冢宰
五年己酉倭國遣使送夜明珠王優禮待之
九二年丙辰東晉安帝遣使冊命王為使持節都督百濟諸軍事鎮東將軍百濟王
十三年丁巳四月旱民饑
十四月徵東北二部人年十五已上築沙口城使兵

병관좌평 해구(解丘)에게 감독하게 했다.

● 십사 년(서기 418년), 무오(戊午), 여름,
왜국으로 사신을 보내고, 하얀 비단(白綿) 10 필을 보냈다.

● 십오 년(서기 419년), 기미(己未), 정월,
무술(戊戌)일 혜성이 대미(大微)에서 나왔다.

● 십육 년(서기 420년), 경신(庚申), 삼월, 왕이 승하하셨다.

구이신왕(久尒辛王)

전지왕(腆支王)의 큰아들이다.

● 팔 년(서기 427년), 정묘(丁卯), 십이월, 승하하셨다.

● 고구리가 수도를 평양(平壤)으로 옮겼다.
장수왕(長壽王) 십오 년,

일본서기(書記)에 기록하길
"응신(應神) 이십오 년(서기 420년), 갑인(甲寅)일에 즉위했고,
나이는 127세이다." 백제 구이신 즉위년, 목만정(木滿政)이
집정(執政)하고, 왕모(王母)와 간음을 하며(淫王母), 많이 무례하게 행동했다.
일본 왕이 듣고 목민정을 소환했다. 만정(滿政)은
목라근자(木羅斤資, ?~?)가 신라의 영성(嬰城)을 토벌했을 때
그 나라 부인에게서 낳은 자식이다.
아버지의 공으로 임나(任那)에서 전횡을 하고(專於任那),
백제에 들어와서 귀국과 왕래했다.

官佐平解並臨役
十四年戊午夏遣便倭國送白棉十匹
十五年己未正月戊戌是雲北大微
十六年庚申三月王薨

久氐辛王

腆支王長子

八年丁卯十二月王薨

비유왕(毗有王)

구이신왕(久尒辛王, ?~427)의 큰아들이다.
다른 기록에는 전지왕(腆支王)의 서자(庶子)라고도 하는데 어느 것이 맞는지는 모른다. 아름다운 자태와 용모를 가졌으며 말재주(口辯)가 있어 사람들이 높이 받들었다(推重).

● 이 년(서기 428년), 무진(戊辰), 이월,
왕이 4부(四部)를 순무(巡撫)하고
가난한 자들에게 차등을 두어 곡식을 나눠주었다.

왜국의 사신이 도착했는데 따라 온 자가 5,000명이다.

● 삼 년(서기 429년), 기사(己巳), 가을,
사신을 송(宋)나라로 보냈다.

시월, 상좌평 여신(餘信)이 죽었다.
해수(解須)를 상좌평으로 삼았다.
십이월, 지진이 일어났고, 큰바람(태풍)에 기와가 날아갔다.

● 사 년(서기 430년), 경오(庚午), 사월,
송(宋)나라 문황제(文皇帝)가 왕에게 다시 직공을 정리하여
하사하며 선왕의 작호를 책봉해 받도록 했다.

● 칠 년(서기 433년), 계유(癸酉), 봄여름 비가 내리지 않았다.

칠월, 사신을 신라에 보내 화친을 했다.

冬飲辛王之長子咸云膽支王庶子未知孰是美
姿貌有口辯人所推重
二年戊辰二月王巡撫四部賜鰥寡孤獨者穀有差
八倭國使至從者五十人
三年己巳秋遣使入宋
十月上佐平餘信卒以解須為上佐平
十一月地震大風飛瓦
四年庚午四月宋文皇帝以王復修職貢降使冊授
先王爵號
七年癸酉春夏不雨
七月遣使新羅和親

● 팔 년(서기 434년), 갑술(甲戌),
이월, 좋은 말 2마리를 신라에 보냈다.
구월, 신라에 흰매를 보냈다.
시월, 신라 사신이 와서 빛나는 황금 구슬(黃金明珠)을 헌상했다.

● 십사 년(서기 440년), 경진(庚辰), 시월,
송나라에 사신을 보냈다.

● 이십일 년(서기 447년), 정해(丁亥), 오월,
궁궐의 남쪽 연못에서 화염이 솟아올랐는데 수레바퀴처럼 돌다가
밤을 새고서야 꺼졌다.

칠월, 가물어서 곡식이 익지 않아 백성이 굶주렸다.
신라로 이주한 사람이 많았다.

● 이십사 년(서기 450년), 경인(庚寅), 칠월,
신라 아슬라 성주(阿瑟羅城主)
삼직(三直, ?~?, 눌지마립간 때 장수)이 고구리 변경의 장수를
실직국(悉直國)에서 죽였다.

● 이십팔 년(서기 454년), 갑오(甲午), 팔월,
메뚜기떼에 해를 입어 일년내 굶주렸다.

● 이십구 년(서기 455년), 을미(乙未), 삼월,
왕이 한산에 사냥을 나갔다.

구월, 한강에서 흑룡이 나타났고(黑龍見於漢江) 잠시 후,
운무가 희뿌옇게 깔리자 날아갔다(須臾, 雲霧晦冥飛去).
왕이 승하하셨다.

八年甲戌二月送良馬二匹于新羅
九月送白鷹于新羅
十月新羅使来献黄金明珠
十四年庚辰十月遣使入宋
二十一年丁亥五月宮南池中有火焔如車輪終夜
而滅
二十七月旱穀不甚民饑流入新羅者多
二十四年慶辰八月蝗害穀年饑
二十八年甲午八月王獵於漢山
二十九年乙未三月王獵於漢山
九月黒龍見於漢江須史雲霧晦冥飛去

王薨

개로왕(蓋鹵王)

이름(諱)은 경사(慶司)이고, 비유왕(毗有王)의 장자이다.

● 십사 년(서기 468년), 무신(戊申), 봄,
고구리와 말갈이 실직성(悉直城)을 침략했다.
구월, 신라가 성을 쌓았다.
● 십오 년(서기 469년), 기유(己酉), 팔월,
장수를 보내 고구리 남쪽 변경을 침략했다.
시월, 쌍현성(雙峴城)을 보수하고, 청목령(靑木嶺)에 큰 책을 설치했다.
북한산성(北漢山城) 사졸을 나누어 청목령을 지키게 했다.

● 십팔 년(서기 472년), 임자(壬子),
백제 사신을 위나라(北魏, 북위)에 보내 표문(表)을 전달하다.
"짐(백제 개로왕)은 동쪽 끝에 나라를 세우고(臣立國東極),
시랑(豺狼:승냥이와 이리)과 대치하고 있소(隔路).
비록 세대를 계승해 번성하고 있지만, 책봉의 예를 따를 수가 없소. 위나라(北魏, 북위) 왕의 궁궐을 멀리서 바라보고 몹시 그리워, 달려가고픈 마음이 끝이 없소. 서늘한 바람이 미약하게나마 응하고 있으니 왕의 도움과 화합은 하늘이 내린 복이기에 감당할 수 없이 높은 은혜라고 생각되오. 삼가 사서관군장군(私署冠軍將軍) 부마도위(駙馬都尉) 불사후장사(弗斯侯長史) 여례(餘禮, ?~?), 용양위 장군 대방태수(龍驤衛將軍帶方太守) 장무(張茂, ?~?) 등을 보내 배를 띄웠으나 물결이 막았소. 먼 나루터로 가는 길을 찾기 위해 목숨은 자연의 운에 맡기고, 만분의 일(萬一)이라도 정성을 올리고자 하오. 삼가 하늘의 신이 돕고 땅의 신이 은혜를 베풀어 주심에 감복하고, 왕의 영험으로 능히 천정(天庭:제왕의 처소)에 도달해 짐의 뜻을 속 시원히 알릴 수 있다면 '아침에 도를 들으면 저녁에 죽어도 좋을 만큼' 길이 여한이 없을 것이오." 또 "짐과 고구리는 부여에서 나왔는데, 선대에는 옛 관습을 돈독하게 존숭했소. 그의 할아버지 쇠(釗)가 가벼이 이웃 간의 우의를 저버리고, 몸소 군대를 이끌고 와 짐의 땅을 능욕하고 짓밟았소. 짐의 할아버지이신 수(須)께서 군대를 정비하여 번개같이 나아가서, 기회를 잡아 전광석화 같이 공격하고, 잠시 시석을 주고받고서는, 날쌔게 쇠(釗)의 머리를 베었소. 그 이후로는 감히 남쪽을 돌아보지 않았고, 풍씨(馮氏)의 운명이 다하자, 남은 잔당이 사분오열 도망해온 이후로, 악당들이 점차 번성해지더니, 마침내 백제가 능욕과 핍박을 당하고, 원한을 품은 채 화란과 변란이 연이어 발생한 지, 삼십여 년,

蓋鹵王

諱慶司비有王之長子俊﹍﹍﹍

十四年己酉八月遣將侵高句麗南鄙

十月雙峴城設大柵於青木嶺分北漢山城士卒

﹍﹍戊﹍﹍

十八年壬子遣使朝魏上表立國東極﹍﹍﹍﹍微藩﹍世承靈化﹍由狼﹍奉隔藩路﹍﹍﹍﹍皇帝陛下﹍﹍﹍﹍﹍﹍﹍將軍﹍司馬﹍﹍﹍﹍太守﹍﹍宣﹍﹍﹍﹍﹍﹍﹍﹍﹍﹍

﹍﹍﹍

재물이 다하고 힘이 다해, 스스로가 몹시 나약해지고 위태로운 상황으로 변한 바, 만약 하늘의 자애로움이 멀리까지 빠짐이 없이 닿아서 속히 장수 한 명을 보내, 짐의 나라를 구원하러 와준다면, 마땅히 짐의 비천한 여식을 보내, 청소하는 후궁이 되도록 하며, 아울러 아들들을 보내, 궁 밖의 마구간에서 말을 치우도록 하겠소. 한 척의 땅이라도 필부가 감히 스스로 갖겠소이까?"라고 말했다.

또 말하길 "지금 련(璉,고구리 장수왕)은 죄를 짓고 있으며, 나라를 자기 마음대로 유린하고, 대신(大臣)과 강한 귀족들의 살육이 끝이 없이 벌어지고 있으며, 죄가 크고 악행이 쌓이고 있는 바, 백성(民庶)들은 무너져 떠나고 있으니, 지금이 바로 고구리를 멸망시킬 기회이자, (귀국과 우리가) 연합을 할 때요.
또 풍족(馮族)의 병사와 말은 조축지련(鳥畜之戀, 새와 짐승이 주인을 따르는 정)이 있고, 낙랑(樂浪)의 모든 군(郡)에는 수구지심(首丘之心, 고향을 잊지 않는 마음)이 있어, 왕의 위엄을 한 번 보인다면, 정복은 있어도 전쟁은 없을 것이오. 짐이 비록 총명하지는 못하나, 뜻대로 모든 힘을 바친다면, 마땅히 군대를 통솔해, 기풍을 이어 도울 것이오.
또 고구리는 의롭지 않고, 횡포하고 간악한 점이 하나둘이 아니며, 겉으로는 외효(隗囂)가 변방에서 사양한 일을 흠모하는 척하고, 속으로는 흉악하게 화를 부르는 무모한 행동을 할 생각을 갖고 있으며,
또 남(南)쪽으로는 류씨(劉氏, 송나라)와 통하고,
또 북(北)쪽으로는 유연(蠕蠕)과 협약을 맺고 있으며,
서로 입술과 이처럼(脣齒) 관계가 아주 밀접해, 왕을 능멸할 계략을 꾸미고 있는 바. 옛날 당 요(唐堯)의 지극한 성인이 있었지만, 단수에서 과도한 징벌을 했고, 맹자는 항상 인(仁)을 말하였지만, 길(塗)에서는 욕(罵)을 끊임없이 해댔소. 졸졸 흐르는 물이 빨리 막히기 쉬운 것처럼, 지금 만약 (고구리를) 취하지 않으면, 장차 후회를 할 것이요,
과거 경진년(庚辰年, 440년) 이후, 짐은 서쪽 경계는 소석산(小石山) 북국(北國)의 물(海)에서, 시신 10여 구를 보았는데, 옷과 그릇, 말 안장과 굴레를 주웠소. 그것을 보니 고구리의 물건은 아닌 것 같았고,
후에 들어보니 왕의 사람들이 짐의 나라에 내려오자(북위사람들이 백제로 오자), 긴 뱀이 길을 가로막아, 물(海)에 가라앉았다고 했소.
비록 확실하지는 않지만(雖委未當), 매우 분노가 치밀어 오르는 바, 옛날 송(宋)이 신주(申舟)를 살육하자, 초장왕이 맨발로 뛰어가고, 새 매가 놓아준 비둘기를 잡자, 신릉(信陵) 군(君)은 먹지 않았고, 적을 이겨 이름을 날린 것이, 훌륭하고 성대하기 그지없소. 무릇 보잘것없고 후미진 변방이지만, 만대의 신의를 흠모하고 있소,

하물며 왕은 천지와 겨룰 수 있으며, 그 기세가 산과 물(海)을 뒤집을 수 있을 것이오. 어찌 어린 더벅머리 아이(고구리)가 변경을 넘어 왕에게 가게 하려고 하오? 지금 짐이(今上) 보낸 안장으로, 실제로 실험을 한번 해보구려. 이름이 높이 드러난 조상들께서는 외지고 멀지만 위험을 무릅쓰고 조정과 교류를 하고, 예로써 대우하고 극진히 후하게 하셨소."라고 했다.
위나라(北魏, 북위)가 사신으로 보낸 소안(邵安)과
백제 사신이 함께 백제로 돌아왔다.
위나라(北魏, 북위)의 조서에서 말하길
"표문을 받고, 탈이 없음을 들으니 매우 좋소이다,
경(백제)의 나라는 동쪽 구석에 있고(卿在東隅),
(위나라) 왕실의 밖에 있는데도(處五服之外),
산과 물(海)이 멀다 하지 않고, 조정에 정성을 보내며, 지극한 성의가 훌륭하여, 힘써 마음속에 담아두고 있소. 짐은 만대의 업을 잇고,
4개의 물(海)에 군림하면서, 백성들을 거느리며 부리고 있소.

오늘에야 천하가 깨끗하게 하나가 되었으며, 팔방에서 정의가 모이고 있으며, 강보에 아이를 업고 오는 이들이, 그 수를 헤아릴 수가 없소이다.
풍속이 화목하고, 병사와 군마가 강성한 것은, 모두가 여례(餘禮, ?~?, 개로왕 때 불사후 장사) 등이 직접 들은 내용이오.
경과 고구리가 화목하지 못하여, 누차 능욕하며 침범하고 있소이다.
만약 순의(順義)대로 할 수 있어, 인으로써 의(義)를 지킨다면, 또 어찌 원수가 되는 것을 근심하겠소?, 예전부터 보낸 사신들이, 물(海)을 건너 먼 변방 밖(荒外)의 나라를 어루만지는 것이, 예전부터 오랜 세월이었지만, 가기만 하고 돌아오지 않았소, 살았는지 죽었는지 도착했는지 안 했는지, 자세히 다 알 수 없었소.
경이 보내온 안장(鞍)은, 옛날에 탔던 것과 비교하여 따져보니, 중원의 나라 것은 아니었소. 의심되는 일을, 반드시 그렇게 될꺼라 여기는 과오를 범해서는 아니 되오. 나라를 경략하기 위해서는 집권자가 중요하오, 이미 별지를 준비해두었소."라고 했다.
또 말하길 "고구리가 강역을 막고 무력으로 침범했고, 경이 일전에 선왕의 오랜 원한을 복수를 하며, 백성을 평안하게 해야 할 큰 덕을 잊어버리고, 군대가 교전을 한 것도 여러 해가 되었기에, 국경(荒邊)을 매듭짓는 일이 어렵다는 것을 알고 있소.
사신은 신서(申胥)의 정성을 겸하고 있고, 나라에 초, 월의 위급함이 있으면, 이내 응당 정의를 펼쳐서 미약한 자를 도우며 기회를 틈타 번개같이 움직여야 할 것이오.
그러나 고구리는 전 번국이라 하며, 공직을 맡은 날이 오래되었소,
백제와 고구리가 비록 옛날부터 분쟁이 있었지만,
우리(위나라)에게는 아직 명령을 어긴 허물이 없소이다.

경의 사신이 명령을 받아 우리와 왕래를 시작하자마자, 바로 우리에게 고구리 토벌을 요구했으나, 일의 시기나, 이치를 따져보아도 역시 완벽하지 않구려. 그리하여 예전에 여례(餘禮, ?~?) 등을 고구리 평양(平壤)으로 보내서, 정보를 수집하고자 했소.
그러나 고구리가 빈번히 주청(奏請)을 했고, 말의 이치도 모두 타당했소.
사절단의 그 요청을 누를 수 없고, 사법관도 그 책임을 물을 수 없었소, 그래서 듣고, 여례 등에게 조서를 내려 돌려보냈소.
만약 오늘이라도 다시 뜻을 어긴다면, 과오와 허물이 더욱더 드러나게 될 것이오, 뒤에 비록 스스로 진술한다고 해도, 죄를 피해 도망갈 곳이 없을 것이니
연후에 군대를 일으켜 고구리를 친다면, 대의에 덕이 될 것이오.

구이(九夷)의 나라 백성들은 물(海) 너머에 살면서, 도(道)가 신장되면 번국으로 예를 받들고, 은혜가 받들어지면 나라의 땅을 보존하는 것 뿐이었소. 그리하여 기미(속국 따위를 묶어두다)의 일은 전례(前典)에 드러나 있으나, 호시(楛矢, 붉은 색 나무로 만든 화살)는 조정과의 교류시 새해(歲時)에 빠뜨리기도 했소이다. 경은 강약의 형상을 준비하여 말하고, 선대의 행적을 갖추어 열거해 놓았소.
 서로 사정이 다른 것은 구별하고 견주어, 베푸는 것은 충정과 사리에 어긋나지만, 넓고 큰 규범과 큰 책략은 여전히 같게 존재하오.

지금 중하(中夏)가 하나로 평정되고, 천하는 걱정거리가 없으며, 매번 능위(陵威, 초 위엄)를 떨쳐 동쪽 끝에, 깃발을 내걸고 강역을 표시하고, 외진 변방의 백성을 구원하고(拯荒黎于偏方), 황제의 위풍을 멀리까지 펼쳐 복종시키고자 하였으나
고구리가 진실되게 말을 하였기에, 아직 정벌을 점칠 단계는 아니나, 지금도 만약 고구리가 조서의 교지를 따르지 않는다면, 경이 언급한 뜻과 짐의 뜻이 서로 부합되니, 출병하는 것도, 장차 멀지 않을 것이오. 곧 (군사를) 거느리고 함께 일으킬 수 있도록 준비하고, 때때로 보고하는 사신을 보내주시오.

군사를 일으키는 날, 경이 길 안내를 하는 선봉이 된다면, 대승한 후 으뜸 가는 공(元功)의 상을 받을 테니, 좋지 않겠소이까?
헌상한 비단과 베, 해산물들이, 비록 다 이르진 않았지만, 경의 지극한 마음을 밝혔기에, 금일 여러 가지 물품들과 별지를 내리겠소."라고 했다.

거련(巨璉,고구리 장수왕)에게 조서를 내리려고,
위나라(北魏, 북위)사신 (소)안(邵安) 등을
고구리땅으로 보냈는데, 거련(巨璉,장수왕)이 옛날에
부여경(餘慶, 백제 개로왕)과 원한이 있음을 이야기하며,
동쪽으로 건너가지 못하게 했다.
그래서 위나라(北魏, 북위)사신 (소)안(邵安) 등은 모두 귀국했고,
이에 조서를 내려 엄하게 그들을 꾸짖었다.

그 뒤로 위나라(北魏, 북위)사신 소안(邵安) 등은
동래(東萊)에서 물(海)을 건너, 여경(餘慶, 백제 개로왕)에게
옥새가 찍혀진 문서(璽書)를 내리며, 그 정성과 충절을 포상하려
했으나, 물가 변(海濱)에 다다랐을 때, 풍랑을 만나 물 위를
떠돌아다녔고, 끝내 백제에는 도착하지 못하고 돌아왔다.

(백제) 왕은 고구리인이 여러 번 변경을 침범하자,
표를 보내 위나라(北魏, 북위) 사신에 군대를 요청했으나,
위나라(北魏, 북위)가 수락하지 않았고,
(백제 개로)왕은 위나라를 원망하며
마침내 위나라와의 교류를 끊어 버렸다.

● 이십일 년(서기 475년), 을묘(乙卯), 구월,
고구리 왕 거련(巨璉,장수왕)이 병사 3,000명을 이끌고 와서
수도 한성(王都漢城)을 에워쌌다. 왕은 성문을 닫고, 출전할 수가
없었다. 고구리가 병사를 4방면(四道)으로 나눠 협공했다.
또 바람을 타고 방화(縱火)를 하면서, 성문을 불태웠다.
백성들이 마음속으로 두려워했고 또는 나가서 항복하려는 자도
있었다. 왕은 궁지에 빠져 무엇을 해야 할지 몰라,
기마병 수십을 이끌고 문을 나와 서쪽으로 달려가자
고구리인이 쫓아가 백제 개로왕을 살해했다.

皆行擒不云遂使所報幸
偵迹覚使情師等日卿與
受明党功師心今賜郷其
父卿至公兮賞剌尊以
達之助分賜離物之侍
邵安明等乃麗稱有别又大
安等於是皆運蓋與訊師
等明是還詔稱餘謹選還
海恙還乃功慶送海之
浮等下責有海等後
海不詔之雖濱不使
賜從功後不遇安
餞主責使令風等
慶遂之安柬颳從
重絕後等萊東
書朝使從萊
使貢安東
善等萊
諴上
節表
書乞
等師
魏伐
陽竟於盡而還王以麗人屡拒遷都
親不従王怨之遂絶朝貢
二十一年乙卯九月麗王巨連帥兵三萬来圍王都
漢城王開門不能出戰麗人分兵為四道夾攻又
乗風縱火焚燒城門人心危懼或有欲出降者王
窘不知所圖領數十騎出門西走麗人追而害之

이에 앞서 고구리 장수왕(長壽王)은 음모를 꾸몄는데,
백제에서 간첩질할 사람을 구했다.

이때 고구리 승려 도림(道林)이 응답하여 아뢰길
"우둔한 중이 나라를 위해 보답할 생각은 있으나 어떻게 할지를 모르겠습니다. 대왕께서 제(臣)가 어리석어, 하달하신 것을 해내지 못할 것이라 생각지 마시고, 명(命)령을 욕되게는 하지 않을 것이다라고 기대해 주시길 바라옵니다."라고 하니 왕이 기뻐하며 비밀리에 백제를 속이도록 했다.
그래서 도림은 거짓으로 죄를 지은 척 하고, 백제로 도망을 갔다.
이때 백제왕은 근개로(近盖鹵)였는데, 바둑 두는 것을 좋아했다.

도림이 궁문에 이르러 말하길
"신(臣)은 어려서부터 바둑을 배워 꽤 신묘한 기원에 있습니다."라고 했다. 시중에게 이 말을 듣고 왕이 불러들여 대국(對碁)을 하였는데 과연 국수(國手)라 할 만했다. 마침내 도림을 존대하고, 상객(上客)으로 삼고, 아주 허물이 없는 사이가 되었으며, 서로를 늦게 만나게 된 것을 한스러워했다.

도림이 하루는 조용히 앉아 아뢰길
"신(臣)은 다른 나라 사람입니다. 대왕께서 저를 멀리하지 않으신 은혜가 망극하옵니다. 오로지 한가지 재주를 보여드렸는데 이것은 (나라에) 작은 도움도 안 되었습니다. 그래서 오늘 한 말씀 드리길 원하온데 대왕의 뜻은 어떠신지 모르겠사옵니다."

왕이 말하길
"어떠한 말이든 만약 백제에 이로움이 있다면 스승님께 한마디 바라겠소" 하니, 도림이 말하길
"대왕의 나라(백제)는 사방에는 모두 산이 서 있고,
황하(河)와 물(海)은 하늘이

先是高句麗長壽王陰謀百濟求可以間諜於彼
者時浮屠道琳應募曰愚僧既不能知道思有以
報國恩願大王不以侄不肖指使之期不辱命王
悅密使諜百濟於是道琳佯逃罪奔入百濟時百
濟王近蓋鹵好博奕道琳詣王門曰僕少而學碁
頗入妙願有聞於左右王召入對碁果國手也遂
尊之稱上客甚親昵之恨相見之晚道琳一日侍
坐從容曰僕是異國人也上不我嫌外恩私甚渥而
惟一投之是致未嘗有分毫之益令願敞一言不
知上意如何所王曰第言之若有利於國此所望
於師也道琳曰大王三國四方皆山立河海是天

배치한 요새이며, 사람이 만든 형세가 아니옵니다.
이것은 사방의 이웃 나라들이 감히 넘볼 마음을 못 갖도록 합니다.
그리하여 (백제를) 받들어 보길 원하며
허튼 생각의 겨를이 없습니다.
그러나 왕께서는 마땅히 높은 세력들과 부유함을 통해
주변국이 이 나라를 듣고 보았을 때 두렵게 만들어야 하나,
현재는 성곽 수리도 않으시고, 궁실 보수도 하지 않으셨습니다.

선왕의 해골(骸骨)은 잠시 땅에 묻어 두셨고,
백성의 집들은 여러 차례 황하(河)에 허물어졌으니
신(臣)의 소견으로는 대왕께서 일을 하지 않은 것입니다." 하니
왕이 승낙하며 말하길 "그럼 하겠소"라고 했다.

이에 백성을 보내 벽돌을 만들어 성을 쌓고,
그 안에 궁, 누각과 정자를 지었는데,
모두 장엄하고 화려하였으며,
욱리하(郁里河)에서 큰 돌을 캐내어
곽을 만들어 그 아비의 유골을 장사지내고,

황하(河)를 따라 방죽을 세웠는데
사성(蛇城)의 동쪽에서 숭산(崇山)의 북쪽에 이르렀다.

이에 재정은 고갈되어 비게 되고, 백성은 궁핍해졌으며,
나라는 위태로워져 심히 누란의 지경이었다.

이때 도림은 고구리로 도망쳐 돌아가서 이 상황을 보고했다.
장수왕이 기뻐하며, 백제를 공격하기 위해
수신(帥臣:병마절도사와 수군절도사)에게 병사를 내주었다.

백제 개로왕이 그 소식을 듣고, 아들 문주(文周)에게 일러 말하길
"내가 어리석고 불민하여 간악한 자의 말을 믿고
이 지경이 됐다. 백성은 쇠약해지고

設之險非人為之形也是以四隣之國莫敢有覬
心但願奉事之不暇則王當以崇高之勢富有之
業頌人之視聽而城郭不等宮室不修先王之骸
骨權攢於露地百姓之屋廬屋壞於河流匡鍋為
大王不取也王曰諾吾將為之於是盡發國人為
土築城郭於其四郊密樹開壘樹無不壯麗之取
大方於郁里河作椰以葬其父骨緣河樹垣以地
城之東至崇山之北是以倉廩虛竭人民窮困郊
之陛杭盖於栗卻於走道琳逃運以告之長壽王
喜將伐之乃授英於帥匡近盖鹵聞之謂子支周
回市愿而不明信因兹人之言以至於此民殘而

병사들은 나약해졌구나,
이제는 위급한 일이 있을 때 누가 나를 위해 힘써 싸워 주겠느냐?
나는 사직을 위해 죽을 것이니라.
너는 여기에서 이로울 게 없으니 피난을 가 계속해서 나라를 이어
나가거라."라고 했다.

문주(文周)는 이에
목주만치(木州滿致), 조미걸취(祖彌桀取)와 남쪽으로 갔다.

이에 이르러 고구리 대로(對盧)가
재증걸루(再曾桀婁), 고이만년(古爾萬年)12) 등과 함께
병사를 끌고 와서 북쪽 성(北城)을 7일 동안 공격해 함락시켰고,
남쪽 성(南城)으로 옮겨 공격하니,
성안이 두렵고 불안해지자 왕이 나왔는데
고구리로 도망간 장수 걸루 등이 백제 왕을 보고,
말에서 내리게 한 후 무릎을 꿇도록 하고,
백제 개로왕의 얼굴에 침을 세 번 뱉었다.

이에 그 죄상을 나열하고 포박해
아단산성(阿旦山城) 아래로 보내 왕을 죽였다.

걸루, 만년은 원래 본국(백제) 사람인데,
죄를 지어 고구리로 도망쳤었다.

문주왕(文周王)

혹은 문주(汶洲)라고도 한다. 개로왕의 아들이고,
개로왕이 왕위를 이어 받자(嗣位) 문주가 개로왕을 보좌했다.

---

12) 재증과 고이는 복성이다.

兵弱雖有忠事誰肯為我力戰吾當死於社稷汝在此爸蓋蕯礒難以續國家需文周乃與木州滿致祖彌桀取木州為二姓未知孰是
是高句麗簒蘆壽于兩曾祭婁名庸萬年眾複姓等帥兵來攻北城七日而拔之移攻南城之中危恐王出逃麗將桀婁等見王下馬拜已向王面三唾之乃數其罪縛送於阿旦城下戕之桀婁萬年本國人也獲罪逃竄高句麗

文周王
或作汶洲蓋鹵王之子也蓋鹵嗣位文周輔之位

직위는 상좌평(上佐平)까지 올랐으며,
고구리가 침입해 한성(漢城)을 포위했을 때
개로(盖鹵)는 영성(甖城)에서 혼자 방어하면서
문주에게 신라로 가서 구원을 요청하라 했고,
10,000명의 구원병을 얻어 돌아왔다.

고구리 병사들은 비록 퇴각했으나
성은 파괴되고, 개로왕은 죽임을 당했다.
그리하여(문주가) 즉위했다.
성품은 유약하고 부단하나, 백성을 사랑했고,
백성도 그를 사랑했다.

문주는 평원(平原)을 취한다는 뜻이다(文周取平原之義也).

● 원년(서기 475년), 을묘(乙卯), 사월,
웅진(熊津)으로 수도를 옮겼다.

● 이년(서기 476년), 병진(丙辰), 이월,
대두산성(大豆山城)을 보수하고, 한북(漢北)의 백성을 옮겼다.

삼월, 사신을 송(宋)나라로 보냈는데,
고구리가 길을 막아 가지 못하고 돌아왔다.

사월, 탐라(耽羅)에서 방물을 헌상하자 왕이 기뻐하며
사신을 은솔(恩率)로 삼았다.
팔월, 해구(解仇)를 병관좌평(兵官佐平)으로 삼았다.

● 삼년(서기 477년), 정사(丁巳), 이월, 궁실(宮室)을 중수했다.
사월, 왕의 동생 곤지(昆支)를 내신좌평(內臣佐平)으로 삼고,
큰아들 삼근(三斤)을 태자로 삼았다.

至上佐平及高句麗衆便圍漢城蓋鹵城固
使文周求救於新羅得兵一萬麗兵雖退城破王
死遂即位性柔不斷而亦愛民百姓愛之文周取
平原之義也

元年乙卯十月移都於熊津

二年丙辰二月修葺大豆山城移漢北民戶

三月遣使入宋高句麗塞路不達而還

四月躭羅國獻方物王喜拜使者爲恩率

八月拜解仇爲兵官佐平

三年丁巳二月重修宮室

四月拜王弟昆支爲內臣佐平封長子三斤爲太

오월, 흑룡이 웅진(熊津)에 나타났다.
칠월, 내신좌평(內臣佐平) 곤지(昆支)가 사망했다.

● 사 년(서기 478년), 무오(戊午), 팔월,
병관좌평(兵官佐平) 해구(解仇)가 마음대로
권세를 휘두르고, 법을 어지럽게 하며 무군지심(無君之心)을 가지고 있었지만, 왕이 제압할 수 없었다.

구월, 왕이 사냥을 나가 야영을 하자
해구(解仇)가 도적을 시켜 왕을 죽였다(解仇使盜害之).
그리하여 왕이 승하하셨다.

삼근왕(三斤王)

다른 기록에는 임걸(壬乞)이라고도 한다.
문주왕의 큰아들이고, 이때 나이는 13살이었다.
군권(軍權), 국정(國政) 등 모두를 좌평 해구(解仇)에게 위임했다.

● 이 년(서기 479년), 기미(己未), 봄,
좌평(佐平) 해구(解仇)가
은솔(恩率) 연신(燕信)과 무리를 모으고 대두성(大豆城)을 점거해

子

五月黑龍見熊津

七月內佳佐平崑走卒

四年戊午八月兵官佐平解仇擅權亂法有無君之心王不能制

九月王出獵宿於外解仇使盜害之薨

三斤王

威云壬乞文周王之長子時年十三歲軍國政事一切委於佐平解仇

二年己未春佐平解仇與恩率燕信聚眾據大豆城

반란을 일으켰다.
왕이 좌평(佐平) 진남(眞男, ?~?)에게 명령해
군사 2,000명으로 토벌하게 했으나, 이기지 못했다.

다시
덕솔(德率) 진로(眞老, ?~497)에게 명령해
정병(精兵) 500명으로 해구(解仇)를 죽였고,
연신(燕信)이 고구리로 홀로 도망치자
그의 처자(妻子)를 웅진시(熊津市)에서 죽였다.

● 삼 년(서기 480년), 경신(庚申), 봄여름 크게 가물었다.
구월, 대두성(大豆城)을 두곡(斗谷)으로 옮겼다.
십일월, 왕이 승하하셨다.

● 소지왕(炤智王)년, 신유(辛酉), 삼월,
말갈이 신라의 북변을 침략하고, 미질부(彌秩夫)를 지났다.

신라가 백제와 가야병을 이끌고 벌사현(伐沙峴)을 쳐부쉈다.

동성왕(東城王)

이름은 모대(牟大)13) 이고,
문주왕의 동생 곤지(昆支)의 아들이다.
담력이 남보다 뛰어나고 활을 잘 쏘았으며, 백발백중이다.

● 사 년(서기 483년), 계해(癸亥), 정월, 진로(眞老)를
병관좌평겸지내외병마사(兵官佐平兼知內外兵馬使)로 삼았다.

---

13) 또는 마모라고 한다. (或作摩牟)

叛王命佐平真男以兵二千討之不克更命德率
真老帥精兵五百擊殺解仇燕信奔為句麗奴其
妻子斬於熊津市
三年庚申春夏大旱
九月移大豆城於斗谷
十一月王薨

東城王
諱牟大摩卒文周王弟昆支之子膽力過人善射
百發百中
四年癸亥正月拜真老為兵官佐平兼知內外兵馬

구월, 말갈이 한산성(漢山城)을 습격해 쳐부수고,
300여 마을을 노략질하고 돌아갔다.

시월, 한 장(丈)여 높이의 큰 눈이 내렸다.

● 오 년(서기 484년), 갑자(甲子), 봄, 왕이 사냥을 나갔다.
한산성에 이르러 군사와 백성들을 무문(撫問)하고
10일 후에 돌아왔다.
사월, 웅진 북쪽으로 사냥을 가서 신록(神鹿)을 잡았다.

● 육 년(서기 485년), 을축(乙丑),
왕이 남제(南齊) 고조(高祖) 소도성(蕭道成, 472~482)이
고구리 거련(巨璉,장수왕)을 표기대장군(驃騎大將軍)으로 책봉한다는 소식을 듣고, 사신에게 표를 보내 내속(內屬:한 나라가 다른 나라의 속국이 됨)이 되기를 요청하니 허락했다.

칠월, 백제 내법좌평(內法佐平) 사약사(沙若思, ?~?)를
남제(南齊,남쪽 제나라)로 조공을 보냈는데,
백제 사신 사약사가
물(海)길에서 고구리 병사를 만나 남제로 들어가지 못했다.

● 칠 년(서기 486년), 병인(丙寅), 오월,
사신을 보내 신라를 방문했다.

● 팔 년(서기 487년), 정묘(丁卯), 이월,
백가(苩加)를 위사좌평(衛士佐平)으로 삼았다.

事
九月靺鞨襲破漢山城虜三百餘戶以歸
十月大雪丈餘
五年甲子春王出獵至漢山城撫問軍民浹旬而還
四月獵熊津北獲神鹿
六年乙巳王開南齊祖道成冊爲高句麗王璉爲驃騎
大將軍遣使上表請内屬許之
七月遣内法佐平沙若思如南齊朝貢若思至西
海中遇高句麗兵不進
七年丙寅五月遣使聘新羅
八年丁卯二月拜苩加爲衛士佐平

삼월, 사신을 남제(南齊)로 보냈다.
칠월, 궁실(宮室)을 중수했다.

● 구 년(서기 488년), 무진(戊辰), 모(某)월,
위나라(北魏, 북위)가 병사를 보내 백제를 침략했지만 패배했다.

● 십 년(서기 489년), 기사(己巳), 가을,
대풍년이 들어 남쪽(國南)의 물가 마을(海村) 사람들이
벼와 조를 헌납했다.

구월, 고구리가 신라의 북변을 침입하고 과현(戈峴)까지 왔다.

시월, 호산성(狐山城)을 함락했다.

시월, 왕이 단을 설치하고 하늘과 땅(天地)에 제사를 올렸다.
십일월, 남당(南堂)에서 군신들에게 술과 연주를 베풀었다.

● 십일 년(서기 490년), 경오(庚午), 칠월,
북부(北部) 15세 이상을 징발해
사현(沙峴), 이산(耳山) 2개의 성을 쌓았다.14)

구월, 왕이 도성의 서쪽, 사비(泗沘) 벌(原)에서 사냥을 했다
연돌(燕突, ?~?)을 달솔(達率)로 삼았다.

● 십이 년(서기 496년), 신미(辛未), 유월,
웅천(熊川)의 물이 넘쳐 수도(王都)의 200여 마을이 물에 잠겼다.

---

14) 초고 사십구 년, 신라가 사현을 쳤다

三月遣使南齊
七月重修宮室
九年戊辰 月魏遣兵來侵陷我所獲
十年己巳秋大有年國南海村人獻合穎禾
十月王設壇祭天地
十一月宴群臣於南堂
十一年庚午七月徵北部人十五歲已上築沙峴城
九月王田於國西泗沘原
十三年辛未六月熊川水漲漂沒王都二百餘戶

칠월, 백성이 굶주리고 신라로 도망간 자가
600여 가족(六百餘家)이다.

● 십삼 년(서기 492년), 임신(壬申), 사월, 태풍에 나무가 뽑혔다.
사월, 왕이 우명성(牛鳴城)으로 사냥을 나가 직접 사슴을 쏘았다.

● 십사 년(서기 493년), 계유(癸酉), 삼월,
사신을 신라에 보내 청혼을 했다.
신라왕이 이찬(伊湌) 비지(比智, ?~?)의 딸을 보내왔다.

● 십오 년(서기 494년), 갑술(甲戌), 칠월,
고구리와 신라가 살수 벌판에서 싸웠다
(高句麗與新羅戰於 薩水之原).
신라가 이기지 못하고 퇴각해 견아성(犬牙城)을 점거하자
고구리가 견아성을 에워쌌다.
백제왕이 병사 3,000명을 보내 신라를 구원하고 포위를 풀어줬다.

● 십육 년(서기 495년), 을해(乙亥), 팔월,
고구리가 침입해 치양성(雉壤城)을 에워쌌다.
백제왕이 신라에 사신을 보내 구원을 요청했다.
신라왕이 장군 덕지(德智, ?~?)에게 명령해 병사를 이끌고
백제를 구원하자 고구리 병력이 퇴각했다.

● 십팔 년(서기 497년), 정축(丁丑), 오월,
병관좌평 진로(眞老)가 죽자 연돌(燕突)을 병관좌평으로 삼았다.

七月民饑亡入新羅者六百餘家
十三年壬申四月大風拔木
十月王獵牛鳴城親射鹿
十四年癸酉三月遣使新羅請婚羅王以伊飡比智
女歸之 七月築葺城池兼修理城
十五年甲戌七月高句麗與新羅戰於薩水之原新
羅不克退保犬牙城高句麗圍之王遣兵三千救
之解圍
十六年乙亥八月高句麗來圍雉壤城王遣使新羅
請救羅王命將軍德智帥兵救之麗兵退
十八年丁丑五月兵官佐平眞老年拜燕突為兵官

유월, 큰비가 내려 민옥(民屋)이 물에 잠겼다.

● 십구 년(서기 498년), 무인(戊寅), 모(某)월,
웅진 다리(熊津橋)를 설치했다.15)

칠월, 사정성(沙井城)을 쌓고,
한솔(扞率) 비타(毗陀, ?~?)가 사정성을 지켰다.

팔월, 왕이 탐라(耽羅)가 공물을 바치지 않자 직접 정벌을 하러
무진주에 이르렀을 때, 탐라가 그 소식을 듣고
사신을 보내 죄를 빌었다. 이에 정벌을 그쳤다.16)

● 이십 년(서기 499년), 기묘(己卯), 여름, 크게 가물었다.
백성이 굶주리고 서로를 잡아먹고, 도적이 많이 일어났다.
신하가 창고를 열어 나누어(賑恤)주자 정중히 요청했으나
왕이 듣지 않았다.
한산(漢山)의 백성들 중 고구리로 도망간 자가 2,000명이다.

시월, 대역병이 돌았다.

● 이십일 년(서기 500년), 경진(庚辰), 봄,
궁궐의 동쪽에 임류각(臨流閣)을 세웠다.
높이는 5장(五丈)이었으며, 또 연못을 파고, 기이한 새와 짐승을
키웠다(養奇禽).
간신(諫臣, 직언하는 신하)이 상소를 올렸으나 응답하지 아니하고,
또 직언하는 자가 있을까 두려워 궁궐 문을 닫았다.

---

15) '다리'는 '책'인게 아닌가 의구심이 든다. (橋疑是柵)
16) 탐라는 탐모라다. (耽羅卽耽牟羅)

佐平□□諫靺鞨王□□入□王室□□月

六月大雨漂沒民屋

十九年戊寅□月設熊津壇□□□□

七月等沙井城以柞岢毗陀鎮之

八月王以靺鞨不修貢賦親征至武珍州靺鞨酋

之渠便乞罪乃止靺鞨年羅

二十年己卯夏大旱民飢相食盜賊多起臣宗請發

倉賑給王不聽漢山人三人高句麗者二千

十月大疫

二十一年庚辰春起臨流閣於宮東高五丈又穿池

養奇禽諫佐抗疏不報恐有凌諫者閉宮門

사월, 우두성(牛頭城)에서 사냥했는데 우박이 와서 그만두었다
오월, 가물었다. 왕이 시중(左右)들과 임류각(臨流閣)에서 연회를
열고, 밤새 즐거워했다.

● 이십이 년(서기 501년), 신사(辛巳), 정월,
수도에서 노파가 여우로 변했고, 호랑이 두 마리가 남산에서
싸웠다. 호랑이를 잡고자 했으나 잡지 못했다.

삼월, 서리가 내려, 보리가 해를 입었다.

오월에서 칠월까지 비가 내리지 않았다.

탄현(炭峴)에 책(柵)을 쌓고, 신라의 침입을 대비했다.

팔월, 가림성(加林城)을 쌓고,
위사좌평(衛士佐平) 백가(苩加)에게 성을 지키도록 했다.

시월, 왕이 사비의 동쪽 벌(泗沘東原)에 사냥을 나갔다.

십일월, 웅천(熊川)의 북쪽 벌로 사냥을 나갔다가,
또 사비의 서쪽 벌로 사냥을 나갔는데
큰 눈에 막혀 마포촌(馬浦村)에서 숙영을 했다.

처음에 왕이 백가(苩加)에게 가림성을 지키게 했는데,
백가(苩加)가 가기를 원하지 않아 병을 핑계로 사직을 했으나
왕이 허락하지 않았다.
이에 왕을 원망하며 사람을 시켜 왕을 암살하려 했다.

십이월이 되자 마침내 왕이 승하하셨다.

四月田於牛頭城遇雨雹乃止
五月旱王興左右宴臨流閒終夜極歡
二十二年辛巳正目王都老嫗化狐而去二虎鬪於
南山捕之不得
三月降霜雹
五月至七月不雨設祠於炭峴以禱新羅
八月簦加林城以衛士佐平苩加鎮之
十月王獵於泗沘東原
十一月獵於熊川北原又田於泗沘西原阻大雪
宿於馬浦村初王以苩加鎮加林城加不欲往辭
以疾王不許是以怨王至是使人剌王至十二月

시호는 동성왕(東城王)이다.

『책부원귀』라는 책에서는
남제(南齊), 건원(建元) 이년(서기 480년),
백제왕 모도(牟都)가 조정과 교류하니 조서를 내려 말하길
보명(寶命)이 새롭고, 은택은 아주 먼 곳까지 다다랐다.
모도(牟都)는 대대로 번동(藩東)쪽에서 표(表)를 보내고,
멀리서 직책을 오랫동안 다하므로
사지절도독 백제 제군사 진동대장군
(使指節都督 百濟諸軍事 鎭東大將軍)을 제수했다.

또 영명(永明) 팔 년(서기 490년)
백제왕 모대(牟大, 동성왕)는 사신을 파견하여 표를 보내니,
알현을 청하는 자 손부(孫副)를 보내 돌아가신 조부의 벼슬을
세습하게 하고 모도(牟都)를 백제왕으로 책명하며 말하길
'아, 그대들은 대를 이어 충성하고 힘써 정성을 바치는 것이 먼 곳까지 뚜렷하게 나타나니, 물길(海路)이 맑고 깨끗해지며, 조공은 변함이 없어 귀감이 되고, 이전(彝典:영구히 변하지 않는 법)을 따르는 것에 경의을 표하며, 힘써 귀한 천명(天命)을 계승할지니, 앞으로 삼가 몸가짐을 바르게 하라.
그 아름다운 왕법을 이어받았으니, 어찌 삼가지 않으리오' 하고
'행도독 백제 제군사 진동대장군 백제왕
(行都督 百濟諸軍事 鎭東大將軍 百濟王)으로 삼았다.'
라고 했으나

『삼한고기(三韓古記)』라는 책에서는
모도(牟都)가 왕이 된 사실이 없고,
또한 모도(牟都)를 개로왕(蓋鹵王)의 손자로 생각하나,
개로의 둘째 아들 곤지의 아들인데,

乃謚諡曰東城王
冊府元龜云南齊建元二年百濟王年都貢獻
詔曰寶命惟新澤被絕域年都世藩東守職
遠外可即授使持節都督百濟諸軍事鎭東大
將軍又永明八年百濟王年大遣使上表遣
謁者僕副策命大襲之祖父牟都為百濟王曰
旡替式循華典申藥勤誠蕃選表海路萬渥要貢
無替式循華典申藥勤誠蕃選表海路萬渥要貢
可加慎敕行都督百濟諸軍事鎭東大將軍百
濟王牟三韓古記無牟都為王之事又按年大
蓋鹵王之孫蓋鹵第二子昆支之子不責烏祖

그 조상 모도(牟都)에 대해 말하지 않으므로,

『제서(齊書, 남제서)』에 실린 기록은 의심을 안 할 수가 없다.

무령왕(武寧王)

이름은 사마(斯摩) 혹은 융(隆)이라고도 한다.
모대왕(牟大王, 동성왕)의 둘째 아들이다.
키가 8척이고, 용모가 수려했으며, 성품이 인자하고 너그럽고 후했으며 민심이 따랐다.

● 이 년(서기 502년), 임오(壬午), 정월,
백가(苩加)가 가림성(加林城)을 점거하고 반란을 일으켰다.
왕이 병사를 이끌고 우두성(牛頭城)에 이르러
한솔(扞率) 해명(解明)에게 명령해 가림성을 공격하게 하자
백가가 나와서 항복을 했다.
왕이 백가를 죽이고, 백강(白江)에 던져버렸다.

봄, 백성들이 굶주리고 역병이 돌았다.
십일월, 병사를 보내 고구리 변경을 침략했다.

● 삼 년(서기 503년), 계미(癸未), 구월,
말갈이 마수책(馬首柵)을 불사르고,
고목성(高木城)으로 공격해왔다.
왕이 병사

武寧王

諱斯摩 隆或云 牟大王之第二子世身長八尺眉目
如畫仁慈寬厚民心歸附

二年壬午正月首加橋加林城叛王帥兵至牛頭城
命扞率解明討之 苩加出降王斬之投於白江
之安宴
浙江也
春民饑且疫
十一月遣兵侵高勾麗邊境

三年癸未九月靺鞨燒馬首柵進攻高木城王遣兵

5,000명을 보내 격퇴했다.

십일월, 달솔(達率) 우영(優永, ?~?)을 보내
병사 5,000명을 이끌고 고구리 수곡성(水谷城)을 습격하였다.

겨울, 얼음이 얼지 않았다.

● 오 년(서기 505년), 을유(乙酉), 이월,
신라가 실현주(悉玄州)를 설치했다.

● 육 년(서기 506년), 병술(丙戌), 봄, 대역병이 돌았다.
3월부터 5월까지 비가 내리지 않아 하천과 연못이 마르고,
백성이 굶주렸다. 창고를 열어 구제했다.

칠월, 말갈이 고목성(高木城)에 침략을 해서 600여 명을 죽였다.

● 칠 년(서기 507년), 정해(丁亥), 오월,
고목성 남쪽에 2개의 책을 세우고,
또 장령성(長嶺城)을 쌓아서 말갈을 대비했다.

시월, 고구리 장수 고로(高老)가 말갈과 계략을 꾸며
한성을 공격하고자 해서 횡악(橫嶽) 아래로 들어와 주둔했다.
왕이 출사하여 격퇴했다.

● 십 년(서기 510년), 경인(庚寅), 정월,
제방을 공고히 하라고 명령을 내렸고,
도성 안팎에 놀고 먹는 자들을 몰아내 농사를 시켰다.

五千擊退之
十一月遣逵率偲永帥兵五千襲高勾麗水谷城
冬無冰
六年丙戌春大疫三月至五月不雨川澤渴民饑發
倉賑救
七年丁亥五月立二柵於高木城南大豆長嶺城以
備禾曷
十月高勾麗將高老與末曷謀欲攻漢城進屯於
橫岳下王出師戰退之
十年庚寅正月下令定國堤防驅西外遊食者歸農

● 십이 년(서기 512년), 임진(壬辰), 사월,
사신을 양(梁)나라에 보냈다.

구월, 고구리가 가불성(加弗城)을 취했다.
병사를 옮겨 원산성(圓山城)을 격파하고 아주 많은 무리를 죽였다.
왕이 용맹한 기마병(勇騎) 3,000명을 거느리고
위천(葦川)의 북쪽에서 싸웠다.
고구리인이 왕의 군대가 적은 것을 얕보며, 진영을 꾸리지 않았다.
왕이 기묘한 계책으로 빠르게 공격하여 고구리군을 대파했다.

● 이십일 년(서기 521년), 신축(辛丑), 오월, 홍수가 났다.
팔월, 메뚜기떼가 곡식에 해를 입혀, 백성이 굶주렸고,
신라로 도망간 자가 900가족이다.

십일월, 사신을 보내 양나라에 들어갔다.
이에 앞서 고구리에 패해, 쇠약해진 지가 여러 해 되었는데,
이때 이르러 표(表)를 보내 말하길
"백제는 여러 차례 고구리를 격파했다.
처음에는 교류하며 우호가 좋았으나,
이제 다시 강국이 되었다."라고 했다.

십이월, 양나라 고조가 조서를 내려 왕에게 책봉하며 말하길
"행도독 백제 제군사 진동 대장군 백제왕. 부여융(餘隆)
(行都督 百濟諸軍事 鎭東 大將軍 百濟王)
봉지를 지키고(守藩), 물 밖(海外) 멀리서도 공직을 수행하며,
이에 충성을 다하고 있으며

十二年壬辰四月遣使入梁

九月高句麗取加弗城似在穆兵破圓山城陳在陵
殺掠甚眾王帥勁騎三千戰於葦川北救芦洞岑
虜出北麗人見王軍小易之不設陣王出奇急擊
大破之

二十一年辛巳五月大水八月蝗冬穀民饑三入新
羅者九百戶

十一年遣使入梁先是高句麗所破衰弱累年至
是上表稱累破高句麗始與通好更為強國
十二月高祖詔冊王曰行都督百濟諸軍事鎮東
大將軍百濟王餘隆守藩海外遠修貢職迺誠欵

짐은 훌륭하게 여겨(朕有嘉焉), 마땅히 옛 법도(舊章)를 따라 이에 황제의 명으로
사지절 도독 백제 제군사 영동대장군으로 제수한다
(使指節 都督 百濟 諸軍事 寧東大將軍)."라고 했다.

● 이십이 년(서기 522년), 임인(壬寅), 구월,
왕이 호산 벌판(狐山之原)으로 사냥을 나갔다.
시월, 지진이 났다.

● 이십삼 년(서기 523년), 계묘(癸卯), 이월,
왕이 한성(漢城)으로 행차해서
좌평(佐平) 인우(因友, ?~?),
달솔(達率) 사오(沙烏, ?~?) 등에
명령해 한북주(漢北州) 군민 15세 이상을 징발하여
쌍현성(雙峴城)을 쌓게 했다.

삼월, 한성에서 돌아왔다.

오월, 왕이 승하하셨다. 시호는 무령(武寧)이다.

성왕(聖王)

휘는 명농(明禯), 무령왕의 아들이다.
지혜와 식견이 뛰어나고, 큰일에 결단을 잘해서, 나라 사람들이

武寧

朕有嘉焉宣寧爲章授益榮命可使持節都督百濟諸軍事寧東將軍

二十二年壬寅九月王獵于孤山之原 熙州孤岑

十月地震

二十三年癸卯二月王幸漢城命佐平因友達率沙烏等徵漢北州郡民十五已上等雙峴城 端州雙青堡界

三月至自漢城

五月王薨諡曰武寧

聖王

諱明襛武寧王之子也智識英邁能斷大事國人

南堂朴昌和先生遺稿

성왕(聖王)이라고 불렀다.

● 원년(서기 523년), 팔월,
고구리군이 패수(浿水)에 다다랐다.
왕이 좌장(左將) 지충(志忠)에게 명령해 보병과 기병 10,000명을
이끌고 나가 싸우게 하여 고구리군을 격퇴했다.

● 이년(서기 524년), 갑진(甲辰),
양(梁)나라 고조(高祖, 蕭衍, 재위 502~549)가 조서로 왕을
'지절도독 백제 제군사 수동장군 백제왕'으로 책봉했다
(持節都督百濟諸軍事 綏東將軍 百濟王).

● 삼 년(서기 525년), 을사(乙巳), 이월,
신라와 사신을 주고 받았다.

● 사 년(서기 526년), 병오(丙午), 시월,
웅진성을 수리하고 사정책(沙井柵)을 세웠다.

● 칠 년(서기 529년), 기유(己酉), 시월,
고구리 흥안(興安,안장왕)이 몸소 병사 10,000명을 거느리고
침략해서. 북방 변경의 혈성(穴城)을 함락했다.

좌평 연막(燕漠)에게 명령해 보병과 기병(步騎) 30,000명을
이끌고 오곡 벌판(五谷之原)에서 막아 싸웠으나 이기지 못했다.
죽은 자가 2,000여 명이다.

● 십이 년(서기 534년), 갑인(甲寅), 삼월,
사신을 보내 양(梁)나라에 입국했다.

稱為聖王

元年癸卯八月高句麗兵至浿水王命左將志忠帥步騎一萬出戰退之

二年甲辰梁高祖詔冊王為持節都督百濟諸軍事綏東將軍百濟王

三年乙巳二月與新羅交聘

四年丙午十月修葺熊津城 立沙井柵

七年己酉十月高句麗興安率兵五萬侵拔北鄙穴城命佐平燕謨領步騎三萬拒戰於五谷之原加克死者二千餘人

十二年甲寅三月遣使入梁

● 십육 년(서기 538년), 무오(戊午), 봄,
사비17)로 수도를 옮기고,
나라 이름을 남부여(南扶餘)라고 했다.

● 십팔 년(서기 540년), 경신(庚申), 구월,
장군 연회(燕會)에게 명령해
고구리 우산성(牛山城)을 공격하게 했으나 이기지 못했다.

● 십구 년(서기 541년), 신유(辛酉),
왕이 사신을 보내 양나라에 입국했다.
『모시(毛詩)』 박사(博士) 열반(涅槃) 등
『경의(經義)』와 더불어 공장(工匠, 공방의 장인) 진사(畵師)등을
표(表)를 보내 요청하자 그들을 보내왔다.

● 이십육 년(서기 548년), 무진(戊辰), 정월,
고구리 왕, 평성(平成, 양원왕, 545~559)이 예(濊)와 함께
한북(漢北) 독산성(獨山城)을 공격하려고 계략을 꾸미자
왕이 사신을 보내 신라에 구원을 요청했다.
신라 장군 주진(朱珍, ?~?, 진흥왕 때의 장수)이
갑옷 입은 병사(甲兵) 3,000명을 이끌고 밤낮으로 달려
독산성 아래에 이르러 고구리군과 일전을 치루어,
고구리군을 대파시켰다.

● 이십칠 년(서기 549년), 기사(己巳), 정월,
사신을 보내 양나라에 입국했다.
이때 후경(侯景)이 난을 일으켜 양나라 도성과 궁궐이 황폐해졌다.
백제 사신이 궁문 앞에서 통곡하자
후경이 크게 화를 내며(大怒) 백제 사신을 감옥에 가두었으며,
후경의 난이 평정되자 돌아올 수 있었다.

---

17) 일명 '부리'라고 하는 장소이다. (一名所夫里)

十六年戊午春移都泗沘一名所夫里改國號南扶餘

十八年庚申九月命將軍燕會攻高句麗牛山城不克

十九年辛酉王遣使入梁奏請毛詩博士涅槃等經義幷工匠畵師等許之

二十六年戊辰正月高句麗王安攻漢北獨山城王遣使請救於新羅羅以將軍朱珍領甲兵三千日夜兼程至獨山城下與麗兵一戰大破之

二十七年己巳正月遣使入梁時候景作亂城闕荒毀使者號泣於端門外景大怒執幽之及景平湘

● 이십팔 년(서기 550년), 경오(庚午), 정월,
왕이 장군 달기(達己)를 보내 병사 10,000명으로
고구리의 도살성(道薩城)을 공격하여 손에 넣었다.

삼월, 고구리 병사가 금현성(金峴城)을 에워쌌다.

● 삼십일 년(서기 553년), 계유(癸酉), 칠월,
신라가 동북 변경을 취하고 새로운 주를 세웠다.

시월, 왕의 딸을 신라에 시집을 보냈다.

● 삼십이 년(서기 554년), 갑술(甲戌), 칠월,
왕이 신라를 기습하고자 하여,
친히 보병과 기병 5,000명을 이끌고 밤이 돼서야 구천(狗川)에
이르렀지만, 신라복병과 교전을 시작하자 상처를 입어
승하하셨다.

시호는 성(聖)이라고 한다.

위덕왕(威德王)

휘는 창(昌)이고, 성왕의 큰아들(元子)이다.

還國
二十八年庚午正月王遣將軍達己領兵一萬攻取高句麗道薩城
三月高句麗兵圍金峴城
三十一年癸酉七月新羅取東北鄙置新州
十月王女歸于新羅
三十二年甲戌七月王欲襲新羅親帥步騎五千夜至狗川新羅伏兵發與戰爲亂兵所害薨諡曰聖
威德王
諱昌聖王之元子也

● 원년(서기 554년), 갑술(甲戌), 시월,
고구리가 군사를 크게 일으켜 웅천성(熊川城)을 공격했으나
패배(敗衂)하고 돌아갔다.

● 이년(서기 555년), 을해(乙亥), 정월,
신라가 비사벌(比斯伐)에 완산주(完山州)를 설치했다.

● 삼 년(서기 556년), 병자(丙子), 칠월,
비열홀주(比列忽州)를 설치했다.

● 사 년(서기 557년), 정축(丁丑),
북한산주(北漢山州)를 설치했다.

● 구 년(서기 562년), 임오(壬午), 칠월,
병사를 보내 신라의 변경을 침략했다. 신라의 병사가 나와서
싸웠지만 패퇴시켰다. 죽은 자가 1,000여 명이다.

● 십사 년(서기 567년), 정해(丁亥), 구월,
사신을 보내, 진(陳)나라에 입국했다(遣使如陳)

● 십칠 년(서기 570년), 경인(庚寅), 모월,
고제(高齊) 후주(後主)가 왕을
'사지절시중 거기대장군 대방군공 백제왕
(使持節侍中 車騎大將軍 帶方郡公 百濟王)'으로 삼았다.
● 십팔 년(서기 571년), 신묘(辛卯), 모월,
고제(高齊) 후주(後主)가 다시 왕을
'사지절도독 동청주 제군사 동청주 자사
(使持節都督 東靑州 諸軍事 東靑州 刺史)'로 삼았다.

● 이십사 년(서기 577년), 정유(丁酉), 칠월,
사신을 보내, 진(陳)나라에 입국했다.

시월, 신라의 서쪽 변경의 주군(州郡)을 침략했으나
이찬(伊湌) 세종(世宗)이 병사를 이끌고 와서 아군을 격파했다.

214

元年甲戌十月高句麗大舉兵來攻熊川城敗衂而
歸﹝...﹞
九年壬午七月遣兵侵新羅邊境羅兵出擊敗之死
者一千餘人
十四年丁亥九月遣使如陳
十七年庚寅用高齊後主韓王為使持節侍中車
騎大將軍帶方郡公百濟王
十八年辛卯目高齊後主又以王為使持節都督
東青州諸軍事東青州刺使
二十四年丁酉七月遣使入陳
﹝二﹞十月侵新羅西邊州郡新羅伊湌世宗帥兵擊破

십일월, 사신을 보내 우문(宇文) (북)주(周)나라에 입국했다.

● 이십오 년(서기 578년), 무술(戊戌), 모(某)월,
사신을 보내 우문 주나라에 입국했다.

● 이십팔 년(서기 581년), 신축(辛丑), 모(某)월,
사신을 보내 수(隋)나라에 입국했다.
수(隋) 고조(高祖, 문제 양견)가 왕을
'상개부의 동3사 대방군공
(上開府儀 同三司 帶方郡公)'으로 삼았다.

● 이십구 년(서기 582년), 임인(壬寅), 정월,
사신을 보내 수(隋)나라에 입국했다.

● 삼십일 년(서기 584년), 갑진(갑진), 시월,
사신을 보내 진(陳)나라에 입국했다.

● 삼십삼 년(서기 586년), 병오(丙午), 모(某)월,
사신을 보내 진(陳)나라에 입국했다.

● 삼십육 년(서기 589년), 기유(己酉), 모(某)월,
수(隋)나라가 진(陳)나라를 멸망시켰다.

수(隋)나라 배(戰船) 1척이
탐모라국(耽牟羅國)으로 표류해 왔다.
그 배가 돌아가게 되어 (백제) 국경을 지날 때,
백제 왕이 아주 후하게 그들에게 재물을 주었고,
아울러 사신을 보내 표를 보내며
진(陳)나라를 멸망시킨 것을 축하했다.

수나라 고조가 기뻐하며 조서를 보내 말하길
"진(陳)나라를 이미 멸망시켰다는 말을 듣고 백제가 멀리서

之
十一月遣使入字文閬
二十五年戊戌月遣使入字父閬
二十八年辛巳月遣使如隋之寬祖稱王為上聞
府儀同三司帶方郡公
二十九年乙寅正月遣使如隋
三十一年甲辰十月遣使入陳
三十三年丙午月遣使入陳
三十六年己酉月隋平陳有一戰船漂至䭾牟羅
國其船得還經于國界王資送之甚厚荒遣使奉
表賀平陳㒵迎善之該曰百濟王光開平陳遠令

표(表)를 보내 명하나,
왕래하기가 지극히 어렵고, 풍랑을 만나면 사람이 다치고 재물을 잃게 될 것이오. 백제왕의 마음이 순박하고 지극한 것은 짐이 이미 다 알고 있소. 서로 비록 거리가 멀지만, 얼굴을 대하고 말하는 것과 같으니, 자주 사신을 보낼 필요가 있겠소? 서로 같은 처지라 사정을 이해하고 있소, 이번 이후로 해마다 별도로 입공(入貢) 할 필요가 없소, 짐 역시 사신을 보내지 않겠소, 왕은 그렇게 알고 있으면 될 것이오."라고 했다.

● 삼십구 년(서기 592년), 임자(壬子)

● 사십오 년(서기 598년), 무오(戊午), 구월,
왕이 장리(長吏) 왕변나(王辨那)를 사신으로 수나라에 보냈다.

수나라가 요동(遼東) 전쟁을 일으키려 한다는 것을 백제왕이 듣고,
사신을 보내 표를 보내며
수나라 군사의 길잡이(軍道)가 되기를 요청하자,
수나라 황제는 백제에게 조서를 내려 말하길
"옛날 고구리는 직공을 바치지 않고, 신하의 예도 하지 않았소.
그래서 장수들에게 명령해 고구리를 토벌하려 했으나
고원(高元, 고구리 영양왕)의 신하들이 겁을 내고
두려워하며 죄를 이미 인정하고 복종했소,
짐은 고구리를 용서하였기에 그들을 공격할 수 없소." 라며
백제 사신을 후하게 대접하며 돌려보냈다.

고구리가 그 일을 알고
병사를 보내 백제의 국경을 공격했다.

십이월, 왕이 승하하셨다. 시호는 위덕(威德)이라 한다.

奉表往復至難若達敬浪便致傷橫百濟王心迹
淳至朕已悉知相去雖遠事同言面何必數遣使
來相體悉有今已後不須年別入貢朕亦不遣使
往王宜知之
三十九年壬子
四十五年戊午九月王使長史王辯那入隋王聞隋
興遼東之役遣使奉表請為軍道帝下詔曰往歲
高句麗不供職貢無人臣禮故命將討之高元君
臣恐懼畏服歸罪朕已赦之不可致伐冬我使者
束還之高句麗頗知其事以兵侵掠國境
十二月王薨謚曰威德

혜왕(惠王)

휘는 계(季)이고, 명왕(明王)의 둘째 아들이다.

● 이 년(서기 599년), 기미(己未), 모월, 왕이 승하하셨다. 시호는 혜(惠)이다.

법왕(法王)

휘는 선(宣) 혹은 효순(孝順)이며, 혜왕의 큰아들18)이다.

● 원년(서기 599년), 기미(己未), 십이월,
살생을 금지하라고 명령을 내렸으며
민가에서 키우는 매와 도요새를 방생케 하고,
어구와 사냥도구도 불태웠다.

● 이년(서기 600년), 경신(庚申), 정월,
왕흥사(王興寺)를 창건하고, 30명이 출가했다.

대 가뭄이 들자 왕이 칠악사(柒岳寺)로 행차해 기우제를 지냈다.

---

18) 수서에는 선(법왕)을 창왕의 아들이라고 한다. (隋書以宣爲昌王之子)

惠王

諱李明盛德王次子

二年己未月王薨諡曰惠

法王

諱寶或云李順惠王之長子隋書以宣為
元年己未十二月下令禁殺生收民家所養鷹鷂放
之漁獵之具燒之
二年庚申正月創王興寺度僧三十人大旱王幸漆
岳寺祈雨

오월, 왕이 승하하셨다. 시호는 법(法)이다.

무왕(武王)

휘는 장(璋)이다.
법왕의 아들이고, 풍채와 용모가 영준하고 뛰어났으며, 패기 있고 호걸이었다.

● 삼 년(서기 602년), 임술(壬戌), 팔월,
왕이 출병하여 신라 아막산성(阿莫山城)을 포위했다.
신라왕 진평(眞平)이 정예 기마병(精騎) 수천 명을 보내 싸웠다.
아군은 패하고 돌아왔다.

신라는 소타(小陀), 외석(畏石), 천산(泉山), 옹잠(甕岑),
4개의 성을 쌓고, 우리 변경을 침략했다.

왕이 화를 내며 좌평 해수(解讐, ?~?)에게 명령해,
보병과 기병 40,000명을 이끌고 그 4개의 성을 공격하게 했다.
신라 장군 건품(乾品), 무은(武殷)이 무리를 이끌고
나와서 맞서 싸우자
백제 해수(解讐)가 이기지 못하고 군사를 퇴각해
천산(泉山)의 서쪽 큰 못(大澤)에서 매복을 하고 기다리고 있었다.
무은(武殷)은 승기를 타고
갑옷 입은 병사 1,000명을 이끌고 큰 못(大澤)까지 추격을 했다.

매복해 있던 병사가 발견하고, 쏜살같이 신라의 추격군을 공격하자
신라 무은이 말에서 떨어졌고, 병졸들은 놀라 어떻게 해야 할지를

五月手鬾諧曰法

武王

諱璋法王之子風儀英偉志氣豪傑
三年壬戌八月王出兵圍新羅阿莫山城山城母
王真平遣精騎數千拒戰之我兵失利而還新
羅等小陀畏石泉山麓岑四城侵逼我疆境王怨
令佐平解讐帥步騎四萬進攻其四城新羅將軍
乾品帥眾拒戰解讐不利引軍退於泉山西
大澤中伏兵以待之武殷乘勝領甲卒一千追斯
大澤伏兵發急擊之武殷墜馬士卒驚駭不知所

몰랐다.
신라 무은(武殷)의 아들 귀산(貴山, ?~602)이
큰 소리로 말하길
"나는 일찍이 스승님께 군인은 전투할 때에는 물러섬이 없어야
한다고 배웠는데, 어찌 (말에서) 떨어지고 도망가는 것이 스승님의
가르침이겠는가?"라고 외치며 말은 아버지에게 주고는
소장 추항(箒項, ?~602)과 창을 휘두르며 격투를 하다 전사했다.
남은 신라 병사들이 이것을 보고 죽음을 다해 용감히 싸우자
백제군이 대패했다. 백제 해수(解讐)는 간신히 죽음을 피하고
홀로 말을 탄 채 돌아왔다.

● 육 년(서기 605년), 을축(乙丑), 이월, 각산성(角山城)을 쌓았다.

팔월, 신라가 동쪽 변경을 침략했다.

● 칠 년(서기 606년), 병인(丙寅), 삼월,
수도에 황사(雨土)가 내려, 낮에도 어두웠다.
사월, 크게 가뭄이 들어 한해를 굶주렸다.

● 팔 년(서기 607년), 정묘(丁卯), 삼월,
한솔 연문(燕文)을 보내 수(隋)나라에 입국했다.

또 좌평 왕효린(王孝隣, ?~?)을 보내 수나라에 입국해서,
고구리를 토벌할 것을 요청하자 수 양제(煬帝)가 허락하고,
고구리의 상황을 살피도록 명령을 내렸다.

오월, 고구리가 송산성(松山城)을 공격해왔으나 함락하지 못하자
석두성(石頭城)으로 옮겨 공습(移襲)을 하고
남녀 3,000명을 포로로 잡아 돌아갔다.

爲武毅子貴山大言曰吾嘗學教於師曰士當軍
無退苦敗奔還以陷師教安以馬援父卽與小將
等項揮戈力鬪以死餘共見此益奮找軍敗績解
鬪僅免單馬以歸
六年乙巳二月築角山城
八月新羅侵東鄙
七年丙寅三月王都雨土晝晴四日大旱年饑
八年丁卯三月遣扞率燕文進入隋又遣佐平王孝
隣入隋清討寇句麗煬帝許之仍覘句麗動靜
五月寇句麗來攻松山城不下移襲石頭城虜男
女三千而歸

● 구 년(서기 608년), 무진(戊辰), 삼월,
사신을 보내 수(隋)나라에 들어갔다.

수나라의 문림랑(文林廊) 배청(裵淸)이
왜(倭)국으로 사신을 보냈는데 우리(백제)의 남쪽 길을 지나갔다.

● 십이 년(서기 611년), 신미(辛未), 이월,
사신을 보내 수(隋)나라에 들어갔다.
수 양제(煬帝)가 고구리를 공격하고자 했다.

백제 왕이 국지모(國智牟)를 사신으로 보내
군사 출병 날짜를 요청하자
수 양제가 기뻐하며 후하게 상을 내렸고,
상서기부랑(尙書起部郞) 석률(席律)을 보내와
왕과 함께 계책을 논했다.

팔월, 적암성(赤嵒城)을 쌓았다.

십일월, 신라 가잠성(椵岑城)을 포위하고
성주 찬덕(讚德)을 죽였다.

● 십삼 년(서기 612년), 임신(壬申), 모월,
수나라의 6개의 군대가 요(遼)를 건너자
백제 왕이 국경에 병사들을 빈틈없이 배치하고,
수나라를 돕겠다고 표명했지만 실제로는 망설였다.

사월, 궁 남문에 지진이 났다.
오월, 홍수가 나서 마을이 떠내려가고 물에 잠겼다.

● 십칠 년(서기 616년), 병자(丙子), 사월,
달솔 백기(苩奇)에게 명령해 병사 8,000명을 이끌고
신라 모산성(母山城)을 공격하게 했다.

九年戊辰三月遣使入隋求文林郎裵清奉使倭國
經狄國南路
十二年辛未二月遣使入隋․煬帝將征高句麗王
使國智謀入請軍期帝悅厚加賞賜盡尚書起部
郞席律來與王相謀
八月築赤嵓城
十月圍新羅椵岑城殺城主讚德破
十三年三甲月隋童寧度遼主嚴兵於境聲言助
隋實持兩端
四月震宮南門五月大水漂没人家
十七年丙子十月命達率苩奇領兵八千攻新羅田

● 십구 년(서기 618년), 무인(戊寅), 모월,
신라 북한산 군주 변품(邊品)이
찬덕(贊德)의 아들 해론(奚論, ?~618)과
가잠성(椵岑城)을 공격해왔다.
다시 가잠성을 공격했으나 신라 해론이 전사했다.

● 이십이 년(서기 621년), 신사(辛巳), 시월,
사신을 보내 당(唐)나라에 입국하고, 조랑말(果下馬)을 헌상했다.

● 이십사 년(서기 623년), 계미(癸未), 구월,
병사를 보내, 신라 만노현(萬弩縣)을 침략했다.

● 이십오 년(서기 624년), 갑신(甲申), 정월,
대신을 보내 당(唐)나라에 입국했다.
당 고조(高祖, 이연)가 기뻐하며 사신을 보내
대방군왕(帶方郡王) 백제왕(百濟王)으로 관대하게 책봉했다.

칠월, 사신을 당나라에 보내고 빛나는 갑옷(光明甲)을 헌상했다.

시월, 신라의
속함(速含), 앵잠(櫻岑), 기잠(岐岑), 봉잠(烽岑), 기현(旗懸),
용책(冗柵) 등을 공격해 빼앗았다.

● 이십육 년(서기 625년), 을유(乙酉), 십일월,
사신을 보내 당나라에 입국했다.

山城

十九年戊寅月新羅北漢山軍主邊品興讚德子
奚論來攻椵岑城後之奚論戰死官原椵山
二十二年辛巳十月遣使入唐獻果下馬
二十四年癸未九月遣兵侵新羅勒弩縣
二十五年甲申正月遣大佐入唐貢狟嘉之遣使就
冊帶方郡王百濟王
七月遣使入唐獻光明甲
十月攻新羅速含櫻岑岐岑烽岑
旗縣 冗柵 等六城取之
二十六年乙酉十一月遣使入唐

●이십칠 년(서기 626년), 병술(丙戌),
사신을 보내 당나라에 입국하고, 빛나는 갑옷(明光鎧)을 헌상하려 했으나, 고구리가 길을 막았다. 백제가 내조하러 오는 것을 허락치 않은 것에 원망을 갖은 당나라 고조가 산기상시(散騎常侍) 주자사(朱子奢)를 보내와서 조서를 내려 타이르길
"백제와 고구리는 서로의 원한을 진정시키시오"라고 했다.

십이월, 사신을 보내 당나라에 입국했다.

●이십팔 년(서기 627년), 정해(丁亥), 칠월,
장군 사걸(沙乞)에게 명령해
신라의 서쪽 변경 2개의 성(二城)을 함락하게 하고,
남녀 300여 명을 포로로 잡았다.

백제 왕이 신라에 보복하고 땅을 침탈하고자 크게 군사를 일으켜 출병하여 웅진에 주둔했다.

신라왕 진평이 그 소식을 듣고 사신을 급히 당나라에 보내려 했다.
백제 왕이 그 소식을 듣고 이내 출병을 멈췄다.

팔월, 백제 왕의 조카 복신(福信)을 보내 당나라에 입국했다.
당 태종이 왕에게 옥새가 찍힌 문서를 내리며 운운하길
신라왕 "김진평(金眞平)은 짐의 번신(藩臣)이자,
당신의 이웃 나라요,
매번 백제가 군대를 파견하여 침략이 끊이지 않는다는 것을
듣고 있소,

二十七年丙戌 遣使入唐獻明光鎧因訟高句麗梗路不許來朝上國高祖遣散騎常侍朱子奢來詔諭我及高句麗平其怨
八月攻新羅王在城櫪城主東所殺之
十二月遣使入唐
二十八年丁亥七月命將軍沙乞拔新羅西鄙二城虜男女三百餘口王欲復新羅侵奪地方大擧兵出屯於熊津羅王真平聞之遣使告急於唐王聞之乃止
八月遣使佐福信入唐太宗賜王璽書曰云々新羅王金真平朕之蕃性王之隣國每聞遣師征討

(그것은) 우리가 원하는 바에 전혀 맞지 않소이다.
짐은 이미 백제 왕의 조카 복신, 고구리, 신라의 사신 모두에게
칙령으로 화친을 하고, 모두 평화롭고 화목하게 지내라고 했소.
백제 왕은 반드시 그전의 원한을 잊고 짐의 본심을 알아주고,
함께 이웃의 정을 돈독히 하고 지내면 전쟁은 곧 멈추게 될 것이
오"라고 하니, 백제 왕이 사신을 통해 표를 보내며 사례의 말을 했
다. 비록 밖으로는 말을 따르는 것 같았지만 속으로 실상은
예전과 똑같이 서로가 원수였다.

● 이십구 년(서기 628년), 무자(戊子), 이월
신라의 가잠성(椵岑城)을 공격했으나 이기지 못하고 돌아왔다.

● 삼십 년(서기 629년), 기축(己丑), 구월,
사신을 보내 당나라에 입국했다.

● 삼십일 년(서기 630년), 경인(庚寅), 이월
사비(泗沘)의 궁궐을 중수하고 왕이 웅진성(熊津城)으로 행차했다.
여름에 가뭄이 들자, 사비(泗沘)의 공사를 멈췄다.

칠월, 왕이 웅진에서 왔다.

● 삼십이 년(서기 631년), 신묘(辛卯), 구월,
사신을 보내 당나라에 입국했다.

● 삼십삼 년(서기 632년), 임진(壬辰), 정월,
큰아들 의자(義慈)를 태자로 봉했다.

이월, 마천성(馬川城)을 개축했다.

不息殊乖朕嚮望朕己對王妃福信及高句麗新羅
使人具勅過和咸和輯睦王必須忘役前怨識朕
本懷共篤鄰情即停兵革 王因遣使奉表陳謝
雖外稱順命內實相仇如故
二十九年戊子二月攻新羅椵岑城不克而還
三十年己丑九月遣使入唐
三十一年庚寅二月重修泗沘之宮王幸熊津城
旱停泗沘之役七月王至自熊津
三十二年辛卯九月遣使入唐
三十三年壬辰正月封元子義慈爲太子
二月改築馬川城

칠월, 신라를 쳤으나 이기지 못했다.

왕이 생초 벌(生草之原)로 사냥을 갔다.

십이월, 사신을 보내 당나라에 입국했다.

● 삼십사 년(서기 633년), 계사(癸巳), 팔월,
장수를 보내, 신라 서곡성(西谷城)을 공격해 30일 만에 함락했다.

● 삼십오 년(서기 634년), 갑오(甲午), 이월,
왕흥사(王興寺)가 완공됐다. 그 절은 앞에는 물이 흐르고(臨水)
색채와 장식이(彩飾) 웅장하고 수려했고(壯麗)
왕이 매번 배를 타고 절에 들어가 분향하고 예불을 했다(行香).

삼월, 궁궐 남쪽에 연못을 파고 20여 리에서 물을 끌어오고,
사방 언덕에는 버드나무를 심었고(四岸植以楊柳), 연못 가운데는
흙을 쌓아 섬을 만들었는데(水中築島嶼), 방장선산(方丈仙山)을
본떠 만들었다.

● 삼십육 년(서기 635년), 병신(丙申), 이월,
사신을 보내 당나라에 입국했다.

삼월, 왕이 좌우(左右寮) 신료를 이끌고 사비(泗沘) 북쪽 포구(北浦)에서 놀러 가서 술자리 연주회를 열었다. 양쪽 언덕에는 기암괴석(奇巖怪石)이 어지럽게 서 있었고, 사이에는 진귀한 꽃과 색다른 화초들이(奇花異草) 그림같이 있었다.

왕은 술 마시기를 지극히 좋아했고, 거문고를 치고

七月伐新羅不利 王田于生草之原
十二月遣使入唐
三十四年癸巳八月遣將攻新羅西谷城拔之 十三日
三十五年甲午二月王興寺成 其寺臨水彩飾壯麗
王每乘舟入寺行香
三月穿池於宮南引水二十餘里四崖楊以植柳
水中築嶋嶼擬方丈仙山
三十七年乙未二月遣使入唐
三月王讌左右寮雄熙花泗泚北酒兩崖奇花怪
石錯立閒以奇花異草如畫圖王飲酒極歡鼓琴

몸소 노래를 부르니, 시중드는 자들이 여러 차례 춤을 추었다.
이 때 사람들이 그 지역을 일러 대왕포(大王浦)라 했다.

오월, 왕이 장군 우소(于召)에게 명령해
갑옷 병사(甲士) 500명으로 신라 독산성(獨山城)을 공격했다.
백제 우소(于召)가 옥문곡(玉門谷)에 다다르자 날이 저물어
(말의) 안장을 풀고 병사들을 쉬게 했다.

신라 장군 알천(閼川)이 병사를 데리고 습격(掩至)해
백제군을 모조리 죽였다(鏖擊).

백제 우소가 큰 바위(大石)에 올라가 활을 쏘고(彎弓) 맞서
싸웠으나, 화살이 다 떨어져 사로잡혔다.

유월, 가물었다.
팔월, 망해루(望海樓)에서 군신들에게 주연을 베풀었다.

● 삼십팔 년(서기 637년), 정유(丁酉), 이월,
수도(王都)에서 지진이 일어났다.
삼월, 또 지진이 났다.

십이월, 사신을 보내 당나라에 입국해
철갑옷(鐵甲)과 조각하여 꾸민 도끼(雕斧)를 헌상하니
당 태종이 노고를 치하하며(優勞)
비단 두루마기(錦袍)와 온갖 비단(彩帛) 30단(段)을 내렸다.

● 삼십구 년(서기 638년), 무술(戊戌), 삼월,
왕이 첩(嬪御)과 함께 큰 연못에서 배를 타고 노닐었다.

自歌舞者廛舞時人謂其地爲大王浦

五月王命將軍于召帥甲士五百往襲新羅獨山城宿於召至玉門谷城降日暮解鞍休士新羅將軍關川將兵掩至虜擊之于召登大石上彎弓拒戰矢盡爲所擒

六月旱

八月燕群臣於望海樓

三十八年丙申二月王都地震三月又震

十二月遣使入唐獻鐵甲雕斧太宗優勞之賜錦袍彩帛三十段

三十九年戊戌三月王與嬪御泛舟大池

● 사십 년(서기 639년), 기해(己亥), 시월,
사신을 보내 당나라에 입국했다.
금갑옷(金甲)과 조각하여 꾸민 도끼(雕斧)를 헌상했다.

● 사십일 년(서기 640년), 경자(庚子), 이월,
자제(子弟)들을 당(唐)나라 국학(國學)에 보내기를 요청했다.

● 사십이 년(서기 (641년), 신축(辛丑), 삼월, 왕이 승하하셨다.
시호는 무(武)이다.

백제 사신이 당나라에 들어가 부고를 알리니
당 황제가 현무문(玄武門)에서 매우 크게 통곡(擧哀)을 하며,
왕을 광록대부(贈光祿大夫)로 추존하고, 부의를 매우 후하게
내렸다(賻賜甚厚).

의자왕(義慈王)

무왕(武王)의 큰아들이고,
기백이 있고 용맹했으며, 담대하게 일을 처리했다.
어버이를 섬김에 효를 다했고, 형제들과도 우애가 있게 지내
해동증자(海東曾子)라 불렀다.
당 태종이 사부랑중(祠部郎中) 정문표(鄭文表)를 보내
'주국 대방군왕 백제왕'(柱國 帶方郡王 百濟王)으로 책명했다.

● 원년(서기 641년), 신축(辛丑), 팔월,
사신을 당나라에 보내 사의를 표할 겸 방물(方物, 특산물)을
헌상했다.

● 이년(서기 642년), 임인(壬寅), 사신을 보내 당나라에 입국했다.

四十年己亥十月遣使旅唐獻金甲雕笭弩師子裘
四十一年庚子二月遣子弟於唐請入國學
四十二年辛丑三月王薨諡曰武俟者入唐告訃帝
舉哀于玄武門贈王光祿大夫贈賜甚厚

義慈王

武王之元子雄勇有膽決事親以孝與先弟以友
時號海東曹子唐太宗遣祠部郎中鄭文表冊命
為柱國帶方郡王百濟王

元年辛丑八月遣使于唐表謝兼獻方物
二年壬寅正月遣使入唐

이월, 왕이 주군(州郡)을 순무하고, 옥에 갇힌 죄인들을 염려하여
죽음과 죄를 없애주고 모두 용서해 주었다.

칠월, 왕이 직접 병사를 이끌고, 신라의 하미질(下彌秩) 등
40여 성을 침략했다.

팔월, 장군 윤충(允忠)을 보내
병사 10,000명을 거느리고 신라 대야성(大耶城)을 공격했다.

대야성주(大耶城主) 품석(品釋)과 처자식이 나와 항복했으나,
백제 윤충이 모두 다 죽이고, 그 머리를 베어 수도로 보냈다.
생포한 남녀 1,000여 명은 백제의 서쪽 주현(州縣)에
나누어 살게 하고, 병사를 주둔시켜 그 성을 지켰다.
왕이 윤충에게 말 20마리, 곡식 1,000석을 상으로 주었다.

● 삼 년(서기 643년), 계묘(癸卯), 정월,
사신을 보내 당나라에 입국했다.

십일월, 백제 왕이 고구려와 화친을 맺고,
신라의 당항성(黨項城)을 빼앗아
신라가 당나라에 입조하는 길을 막고자 계략을 모색했다.
그리하여 병사를 보내 당항성을 공격했다.

신라왕 덕만(德曼)이 사신을 보내 당나라에 구원을 요청했다.
백제 왕이 그 소식을 듣고 출병을 그만두었다.

● 사 년(서기 644년), 갑진(甲辰), 정월,
사신을 보내 당나라에 입국했다.
당 태종이 사농승상(司農丞相) 리현장(里玄奘)을 보내

二月王巡撫州郡慮囚除死罪皆原之
七日王親帥兵侵新羅下獅獞等四十餘城
八月遣將軍允忠領兵一萬攻新羅大耶城之主
品釋與妻子出降允忠盡殺之斬其首傳之王都
生獲男女一千餘人分居國西州縣留兵守其城
王賞允忠馬二十匹穀一千石
三年癸卯正月入唐遣使
十一月王與高句麗和親謀欲取新羅黨項城以
塞入朝之路遂發兵攻之羅王德曼遣使請救於
唐王聞之罷兵
四年甲辰正月遣使入唐 太宗遣司農丞相里玄

두 나라에 알려주었다. 왕이 사의를 표했다.
왕자 부여 융(隆)을 태자로 삼고, 대사면을 했다.

구월, 신라 장군 김유신(庾信)이 병사를 거느리고 와서
7개의 성을 침략해 빼앗았다.

● 오 년(서기 645년), 을사(乙巳), 오월,
백제 왕은, 당 태종이 고구리를 친히 정벌한다는 소식을 듣고,
징병해서 신라를 쳐 7개의 성을 습격하여 빼앗았다.

신라 장군 김유신(金庾信)이 침략해왔다.

● 칠 년(서기 647년), 정미(丁未), 사월,
백제 장군 의직(義直)이 보병과 기병 3,000명을 이끌고
신라 무산성(茂山城) 아래에 주둔하고 병사를 나누어
감물(甘勿), 동잠(桐岑) 2개의 성을 공격하나,
신라 장군 김유신이 친히 병사들을 독려하고 결사하여 싸워
백제군을 대파했다.
의직이 단기필마로 돌아왔다.

● 팔 년(서기 648년), 무신(戊申), 삼월,
백제 의직이 신라의 서쪽 변방을 습격하여 요거(腰車) 등
10여 성을 빼앗았다.

사월, 옥문곡(玉門谷)으로 진군했으나 신라 장군 김유신이
백제군을 물리쳤다. 힘써 싸웠으나 신라에 대패했다.

獎告諭兩國王奉表陳謝
立王子隆為太子大赦
九月新羅將軍庾信領兵來侵取七城
五年乙巳五月王聞太宗親征高句麗徵兵新羅乘
其間襲取新羅七城新羅將軍庾信來侵
七年丁未十月將軍義直帥步騎三千進屯新羅茂
山城下分兵攻甘勿桐岑二城新羅將軍庾信親
勵士卒決死而戰大破之義直匹馬而還
八年戊申三月義直襲取新羅西鄙腰車等十餘
城
九年己酉
四月進軍於玉門谷新羅將軍庾信逆之兩戰大

● 구 년(서기 649년), 기유(己酉), 팔월,
왕이 좌장(左將) 은상(殷相)을 보내 정병 7,000명을 이끌고
신라 석토(石吐) 7개의 성을 공격해 빼앗았다.

신라 장군 김유신(庾信), 진춘(陳春), 천존(天存), 죽지(竹旨) 등이
맞서 싸웠다.
불리해지자 도망쳐 뿔뿔이 흩어진 군사들이 도살성(道薩城)에
주둔해서 신라군에 맞서 힘써 싸웠으나 아군이 패배했다.

● 십일 년(서기 651년), 신해(辛亥), 모월,
사신을 보내 당나라에 입국했다.
당 고종이 백제 왕에게 신라성들을 돌려주고
화친을 맺으라고 명령했으나 예전과 같이 (원수로) 지냈다.

● 십이 년(서기 652년), 임자(壬子), 정월,
사신을 보내 당나라에 입국했다.

● 십삼 년(서기 653년), 계축(癸丑), 봄,
크게 가물어 백성이 굶주렸다.

팔월, 백제 왕이 왜국과 우호 관계를 맺었다.

● 십오 년(서기 655년), 을묘(乙卯),
이월, 태자궁궐을 지었는데, 지극히 사치스럽고 화려했다.

망해정(望海亭)을

敗之
九年己酉八月王遣左將殷相帥精兵七千攻取新
羅等石吐七城新羅將軍庾信陳春天存竹旨等
逆擊之不利收散卒也於道薩城再戰之我軍敗
北
十一年辛亥閏月遣使入唐、高宗命王墼新羅之
城兩交和如前
十二年壬子正月遣使入唐
十三年癸丑春大旱民饑
八月王與倭國通好
十五年乙卯二月修太子宮極奢麗 立望海亭於

왕궁의 남쪽에 지었다.

오월, 붉은 말(騂馬)이 북악 오함사(烏舍寺)로 들어가 불당을 울면서 돌다가 며칠 후 죽었다.

칠월, 마천성(馬川城)을 중수했다.

팔월, 왕이 고구리와 말갈과 신라의 30여 성을 공격해서 빼앗았다.

신라 김춘추(金春秋)가 사신을 보내 당나라에 입조해 표를 올려 말하길 백제, 고구리, 말갈이 우리(신라)의 북계를 침략해 30여 성을 빼앗았다고 했다.

● 십육 년(서기 656년), 병진(丙辰), 삼월,
왕이 궁인과 음탕하고 방탕하게 향락에 빠지고 주색잡기를 그치지 않자 좌평 성충(成忠)이 왕에게 목숨을 바쳐 충언(極諫)을 했다. 왕이 분노하여 성충을 감옥에 가두었다.

이때부터 감히 직언하는 자가 없었다.

성충은 굶어 죽었는데, 죽기 전에 상서하며 아뢰길
"충신은 죽어도 임금을 잊지 않습니다. 한마디 올리고 죽기를 원하옵니다. 신(臣)이 자주 정세를 보고 변화를 살피는데, 반드시 전쟁이 일어날 일이 있을 것입니다. 병사를 쓸 때는 반드시 그 지형을 살펴, 상류에 주둔하고 적을 맞이해야 온전히 지킬 수 있습니다.

다른 나라 병사가 쳐들어올 때는

王宮南大寺鳴匝佛守數日死

五月騂馬入北岳鳴匝寺

七月重修馬川城

八月王與高句麗靺鞨攻取新羅三十餘城新羅界沒三十餘城

金春秋遣使朝唐表稱百濟高句麗靺鞨侵我北

十六年丙辰三月王與宮人滛荒耽樂飲酒不止佐平成忠極諫王怒囚之獄中由是無敢言者成忠瘐死臨死上書曰忠臣死不忘君願一言而死臣常觀時察變必有兵革之事元用兵必審擇其地處上流以迎敵然後可以保全若異國兵來

육로는 침현(沈峴)을 못 지나가게 하고,
수군은 기벌포 언덕(伎伐浦岸)으로 못 들어오게 하시옵소서,
그 험한 곳(險阻)들을 차지하여
적에 대항하면 막을 수 있을 것이옵니다."라고 했으나
왕이 듣지를 않았다.

● 십칠 년(서기 657년), 정사(丁巳), 정월,
왕의 서자 41명을 좌평으로 삼고,
각각 식읍을 내려 주었다.

● 십구 년(서기 659년), 기미(己未), 이월,
여우 떼가 궁중으로 들어왔는데 흰여우 한 마리가 상좌평의 책상 위에 앉았다.

사월, 태자궁에서 암탉과 참새가 교미했다.

장수를 보내
신라의 독산(獨山), 동잠(桐岑) 2개 성(城)을 공격했다.

오월, 수도(王都) 서남쪽 사비하(泗沘河)에서 큰 물고기가 나와
죽었는데 길이가 석 장(三丈)이나 되었다.

팔월, 죽은 여인의 시신이 초진(草津)에서 떠올랐는데,
키가 십팔 척(尺)이었다.

陸路不便過沈峴水軍不使入伐浦之岸據其
險隘以禦之然後可也王不省焉
十七年丁巳正月拜王庶子四十一人為佐平各賜
食邑
四月大旱赤地
十九年己未二月眾狐入宮中一白狐坐上佐平書
案
四月太子宮雌雞與小雀交遣將攻新羅獨山桐
岑二城
五月王都西南泗沘河大魚出死長三丈
八月有女屍浮出草津長十八尺

구월, 궁중의 홰나무가 울었는데 사람의 울음소리와 같았고, 밤에 귀신이 궁궐의 남쪽 길에서 곡을 했다.

● 이십 년(서기 660년), 경신(庚申), 이월.
수도의 우물물이 핏빛으로 변했다.
서쪽 물가(海濱)에서 작은 물고기들이 나와 죽었는데,
백성들이 먹어도 다 먹을 수가 없었다.
사비하(泗沘河)의 물 역시 핏빛으로 변했다.

사월, 두꺼비(蝦蟆) 수만 마리가 나무 위에 모였다.
수도 길가의 사람들이 이유 없이 놀라 달아나는데 누가 잡으러 오는 것 같았다. 그러다 갑자기 몸이 뻣뻣해져 죽은 자(僵仆)가 100여 명이고, 재물 손해(亡失) 입은 것이 헤아릴 수 없이 많았다.

오월, 바람과 비가 매우 사나웠다. 천왕(天王), 도양(道讓) 2개 절의 탑이 흔들렸고, 백석사(白石寺) 강당(講堂)이 흔들렸다.
검은 구름이 마치 용과 같이 동서로 공중에서 서로 싸웠다.

유월, 왕흥사(王興寺)의 여러 승려들이, 배의 노와 같은 것이 큰 물결을 따라 절문(寺門)으로 들어오고, 사슴처럼 생긴 개 1마리가 서쪽에서 사비하(泗比河) 언덕으로 와서 왕궁을 향해 짖는 것을 보았으나, 홀연히 어디로 갔는지 알 수 없었다.

수도의 개 떼들이 길에 모여 울부짖었고, 잠시 후 곧 흩어졌다.
귀신이 궁중으로 들어와 큰소리로 '백제는 망한다(百濟亡)' '백제는 망한다', '백제는 망한다'라고 소리쳤다.

九月宮中槐樹鳴如人哭聲夜鬼哭於官南路
二十年庚申二月王都井水血色 西海濱小魚出
死百姓食之不能盡 泗沘河水赤如血色
四月蝦蟆數万集於樹上 王都市人無故驚走
如有捕捉者僵仆而死百餘人立失財物不可數
五月風雨暴至 震天王道壤二寺塔 又震白
石寺講堂 玄雲如龍東西相鬪於空中
六月王興寺眾僧皆見若有船楫隨大水入寺門
有一犬狀如野鹿自西至泗沘河岸向王宮吠
之俄而不知所去 王都群犬集於路上或吠或哭
移時即散 有一鬼入宮中大呼百濟亡

왕이 그것을 이상히 여겨 사람을 시켜 3척 정도 깊이로 땅을 파자 거북이 한 마리가 나왔다. 거북의 등에는 '백제는 둥근달과 같고 신라는 초승달과 같다.'라고 글이 쓰여져 있었는데 왕이 그 뜻을 묻자 점쟁이가 "둥근달은 가득 찬 것입니다. 가득 찬 것은 기울어지옵니다. 초승달은 아직 차지 않은 것이고, 차지 않은 것은 곧 점점 가득 차오르는 것이옵니다."라고 말하자 왕이 노하여 점쟁이를 죽였다.

또 (다른 점쟁이에게 묻자) "둥근달은 강성한 것이요, 초승달은 미약한 것이니 뜻은 나라(백제)는 강성하고 신라는 침약(沈弱)한 것이옵니다."라고 하자 왕이 기뻐했다.

당나라 고종(高宗)이
좌위대장군(左衛大將軍) 소정방(蘇定方)에게 조서를 내려
신립도행군대총관(神立道行軍大摠菅)으로 삼고,
좌위장군(左衛將軍) 유백영(劉伯英),
우무위장군(右武衛將軍) 풍사귀(馮士貴),
좌효위장군(左驍衛將軍) 방효공(龐孝公)을 통솔하여,
300,000명의 군대를 이끌고, 정벌을 왔다.

동시에 신라왕 김춘추(金春秋)를
우이도 행군총관(嵎夷道 行軍摠管)으로 삼아
신라의 병사와 합세를 하려고 했다.

소정방이 군대를 이끌고 성산(城山)에서 물(海)을 건너
나라의 서쪽 덕물도(德物島)에 이르렀다.
신라왕이 장군 김유신을 보내 정병 50,000명을 거느리고
덕물도에 다다랐다.

왕이 그 소식을 듣고

王怪之使人揲地漂三尺許有一龜其背有文曰百濟同月輪新羅如月新王問之巫者曰同月輪者滿也滿則虧如月新者未滿也未滿者漸盈王怒殺之或曰同月輪者盛也如月新者微也意者國家盛而新羅漸微者乎王喜
高宗詔左衛大將蘇定方爲神丘道行軍大摠管率左衛將軍劉伯英左武衛將軍馮士貴左驍衛將軍龐孝公統兵十三萬以來征兼以新羅王金春秋爲嵎夷道行軍摠管將其國兵與之合勢蘇定方引軍自城山濟海至國西德勿島新羅王遣將軍金庾信領精兵五萬以赴之王聞之會

군사를 모아 덕물도(德勿島)를 싸워서 지킬지를 물으니

응당, 좌평 의직(義直)이 아뢰길,
"당나라 병사들은 멀리서 기나긴 물(溟海)을 건너왔으므로 물(水)에 익숙지 않고, 배에서도 필시 고생했을 것입니다. 당연히 배에서 육지로 내려올 때는 군사들의 상태가 아직 안정되지 않았을 테니, 그때 잽싸게 당나라 군사를 공격하면 물리칠 수 있을 것이옵니다. 신라인들은 대국의 구원을 믿고, 우리 백제군을 가벼이 여기는 마음을 갖고 있사옵니다. 만약 당나라 군사가 불리한 것을 본다면, 신라는 반드시 당나라군을 의심하며, 감히 빠르게 싸우지 못할 것이옵니다. 그러니 먼저 당나라 군사와 싸우는 전략이 좋다고 아룁니다."라고 말하니

달솔 상영(常永) 등이 아뢰길,
"그러하면 아니 되옵니다. 당나라는 멀리서 왔기에 빨리 전쟁을 하고 싶어 합니다. 그 선봉의 기세를 감당하기 어려울 것입니다. 신라군은 앞서 우리 군대에 여러 차례 패배했습니다. 그러므로 우리 병력을 보면 두려워할 것입니다. 오늘의 계책은 마땅히 당나라군의 길을 막아, 그 군대가 지치도록 기다리고, 좌우익(군)에서 신라군을 먼저 공격하여 그 기세(銳氣)를 꺾게 하시옵고, 그 이후에, 기회를 엿봐 전투하면 우리 군대를 보전하면서도 나라를 지킬 수가 있을 것으로 봅니다"라고 했다.

왕이 머뭇거리며 따라야 할지를 몰라 할 때
좌평 홍수(興首)는 죄를 지어
고마미지현(古馬彌之縣, 옛 마미의 현)으로 유배를 가 있었다.
사람을 보내 어떻게 해야 할지를 물어 말하길
"일이 급하다. 어찌해야 하겠는가?" 하니
홍수가 말하길 "당나라 병사는 그 수가 많고 군대의 군율이

群臣問戰守之宜佐平義直曰唐兵遠涉滄海不
習水者在船必困當其初下陸士氣未平急擊之
可以得志羅人恃大國之援故有輕我之心若見
唐人失利則必疑懼而不敢銳進故知先與唐人
決戰可也達率常永等曰不然唐兵遠來意欲速
戰其鋒不可當也羅人前畏見敗於我軍今望我
兵勢而恐不得今日之計宜塞唐人之路以待其
師老先使偏師擊羅軍折其銳氣然後伺其便而
合戰則可謀以全軍而保國矣王猶豫不知所從
時佐平興首得罪流竄古馬彌知之縣遣人問之
曰事急矣如之何而可乎興首曰唐兵既眾師律

엄격하고 분명합니다.
하물며 신라 병사와 양쪽에서 협공을 꾀하고 있는데,
만약 평원 광야(平原 曠野)에서 대적한다면 승패를 알 수 없을 것이옵니다.
백강(白江)19), 탄현(炭峴)20)은 우리 백제의 중요한 길목이옵니다.
허나 평범한 사람이 창 하나로는(一夫單槍) 많은 사람(萬人)을 막아낼 수는 없으니
마땅히 날랜 병사(勇士)들을 뽑아 백강, 탄현에 가서 지키게 하여,
당나라 병사가 백강으로 들어오지 못하게 하고,
신라 병사들이 탄현을 지나가지 못하도록 하시옵소서,
대왕께서는 겹겹이 (성문을) 닫고, 굳게 지키고 그들의 식량이
다 떨어지고, 병사들이 지칠 때까지 기다리신 후에
반격(奮擊)하시면 분명 격파하실 수 있을 것이옵니다."라고 했다.

이때 주요 신하들(大臣)등은 믿으면 안 된다고 아뢰길,
"흥수(興首)는 오랫동안 감옥에 갇혀 있어서, 대왕을 원망하고,
나라를 사랑하지 않기에, 그의 말은 들을 수가 없사옵니다.
차라리 당나라 병사들이 백강의 물줄기를 따라 들어온다고 하여도
배가 나란히 들어올 수는 없으며,
신라군이 탄현에 올라 지름길을 지나온다고 하여도
(좁은 길을) 말이 나란히 지나올 수는 없을 것이옵니다.
이때 당나라군과 신라군을 맹렬하게 공격한다면 닭장 안의 닭처럼,
그물에서 떨어진 물고기처럼 죽일 수가 있사옵니다."라고 하자 왕이 그렇게 하자고 하였다.

당과 신라 병사가 이미 백강(白江), 탄현(炭峴)을 지났다는 소식을
듣고, 장군 계백(階伯)을 보내 5,000명의 결사대를 이끌고
황산(黃山)에서 신라군과 4차례를 싸웠는데,
모두 신라에게 승리를 하였으나.
중과부적(兵寡力屈, 병력이 적어 힘에 굴복함)으로 마침내 패하고,

---

19) 다른 기록에는 기벌포라고 한다. (或云 伎伐浦)
20) 다른 기록에는 침현이라고 한다. (或云 沈峴)

嚴明況與新羅兵謀犄角若對陣於平原曠野勝敗未可知也白江或云伎伐浦炭峴或云沈峴我國之要路也一夫單槍萬人莫當宜簡勇士往守之使唐兵不得入白江羅人未得過炭峴大王堂開固守待其資粮盡士卒疲然後奮擊之破之必矣於是大臣等不信曰興首久在縲紲之中怨君而不愛國其言不可用也莫若使唐兵入白江沿流而不得方舟羅軍升炭峴由徑而不得並馬當此之時縱兵擊之如殺在籠之雞離網之魚也王然之又聞唐羅兵已過白江炭峴遣將軍堦伯帥死士五千出黃山與羅兵戰四合皆勝之兵寡力屈竟敗

계백(堦伯)이 죽었다.
이에 병사를 모이게 하여,
웅진 어귀에(熊津口) 강을 접하고 병사를 주둔시켰다.
당나라 소정방이 좌측 물기슭으로 산에 올라와 진을 쳤고,
그곳의 병사들과 싸웠지만, 아군이 대패했다.

당나라 군대가 물살을 타고,
배의 선두와 선미가 꼬리에 꼬리를 물고(舳艫銜尾)
들어오면서 북을 치고 야단법석을 떨었다.

소정방이 보병과 기마병을 이끌고 직접 그 도성으로 달려가서,
잠시 멈춰 서자, 아군 모두가 당나라 군대에 맞섰지만,
또 패하고 죽은 자가 10,000여 명이나 되었다.
당나라 군대는 승기를 타고 성으로 접근했다(薄城).
의자왕은 피할 수 없다는 것을 알고 탄식하며 말하길
"성충(成忠)의 말을 듣지 않은 것이 후회스럽구나!"라고 하며
태자 부여 효(孝)와 함께 북쪽 변방으로 달아났다.
왕의 둘째 아들 부여 태(泰)가 스스로 왕이 되어 무리를 이끌고
굳세게 지켰다. 소정방은 그 성을 포위했다.
태자의 아들 문사(文思)가 왕자 부여 융(隆)에게
이르러 말하기 "왕과 태자는 이미 탈출하고,
숙부(부여 태, 扶餘泰, ?~?)가 스스로 왕이 되었습니다.
만약 당나라 병사들이 뚫고 오면, 어찌 우리들은 안전할 수가 있겠
습니까?" 라고 말하고 마침내 좌우를 이끌어 줄을 매달고 탈출하니
백성들 모두가 그를 따랐다. (부여)태(泰)가 저지할 수가 없었다.

소정방이 병사에게 성가퀴를 뛰어올라 당나라 깃발을 걸게 하니,
부여 태가 궁지에 빠져 문을 열고 명령을 내리기를 요청했다.
그 후, 의자왕과 태자 효(孝)와 모든 성(諸城)은 항복을 했다.

소정방은 백제 의자왕과
태자 효(孝), 왕자 태(泰), 융(隆), 연(演)과 아울러 대신(大臣)

堦伯死之於是合兵禦熊津口瀕江屯兵定方出
左涯乘山兩陣與之戰我軍大敗王師乘潮舳艫
銜尾進皷而譟定方將步騎直趨其都城一舍止
我軍悉衆拒之又敗死者万餘人唐兵乘勝薄城
王知不免歎曰悔不用成忠之言以至於此遂與
太子孝走北鄙定方圍其城王次子泰自立為王
率衆固守太子文思謂王子隆曰王與太子出而
叔擅爲王若唐兵觧去我等安得全遂率左右縋
而出民皆從之泰不能止定方令士超堞立唐旗
幟泰窘迫開門請命於是王及太子孝與諸城皆
降定方以王及太子孝王子泰隆演及大佐將八

88명, 백성 12,807명을 당나라 수도(京師)로 보냈다.

백제국은 본래 5개의 부(五部), 37개 군(三十七郡),
200개의 성(二百城), 760,000만 가호(七十六萬戶)가 있었는데,

이때,
웅진(熊津), 마한(馬韓), 동명(東明), 금련(金蓮), 덕안(德安)
5개 도독부로 나누어 설치하고,
각 주현(州縣)을 통합하여 우두머리(渠長)를 선발해
도독(都督), 자사(刺使), 현령(縣令)으로 삼고,
그곳을 다스리게 했다.

낭장(郎將) 유인원(劉仁願)에게 명령해 도성(都城)을 지키게 하고,
또 좌위랑장(左衛郎將) 왕문도(王文度)를 웅진도독(熊津都督)으로
삼아 그 남은 백성들을 위로하고 달래도록 했다.

소정방이 사로잡은 포로들을 당나라 황제에게 알현시키니, 꾸짖거나 용서를 해주었고, 의자왕이 병으로 죽자, 금자광록대부 위위경(贈金紫光祿大夫衛尉卿)으로 추사를 하고, 옛 신하들이(舊臣) 조문을 가는 것(赴臨)을 허락했으며, 조서를 내려 손호(孫皓), 진숙(陳叔)의 묘(寶墓:묘를 높여 부르는 말) 옆에 나란히 비석을 세우게 하고, 부여 융(隆)에게는 사가경(司稼卿)을 제수했다.

용삭(龍朔), 원년(서기 661년), 신유(辛酉), 모월,
웅진도독 왕문도(王文度)가 물(海)을 건너며 죽었다.
유인궤(劉仁軌)에게 왕문도를 대신하게 했다.

백제 무왕(武王)의 조카(從子) 복신(福信, ?~663)이
일찍이 병사를 거느리고 부도(浮屠, 승려) 도침(道琛, ?~661)과
주류성(周留城)을 점거하고, 반란을 일으키고 있었다.
일찍이 왜국(倭國)에 인질로 있는 옛 왕(古王, 의자왕)의 아들
부여풍(扶餘豊, ?~?)을 맞아드려 부여풍을 왕으로 삼고,
서북부(西北部)

十八人百姓一万二千八百七人送京師
國本有五部三十七郡二百城七十六万戸至是
析置熊津馬韓東明金連德安五都督府務統州
縣拪渠長爲都督刺使縣令以理之命郞將劉仁
願守都城又以左衞郞將王文度爲熊津都督撫
其餘衆定方以所俘見上責而宥之王病死贈金
紫光祿大夫衞尉卿許舊臣赴臨詔葬孫皓陳叔
寶墓側並爲碑授隆司稼卿
龍朔元年辛酉 詔文度濟海率以劉仁軌代之武
王洎子福信嘗將兵及與浮屠道琛據周留城叛
迎古王子扶餘豐嘗質於倭國者立之爲王西部

모두에서 백제 병사를 끌어모아 유인원이 있는 도성을 포위했다.

조서를 내려 유인궤(劉仁軌)를 검교 대방 자사(檢校 帶方 刺使)로
기용하고, 왕문도(王文度)의 병사들이 지름길에서(便道)
신라 병사들을 징발해서 유인원(劉仁願)을 구하고자 하니
유인궤(仁軌)가 기뻐하며 말하길 "하늘이 부귀를 이 늙은이에게
주시려나 보구나"라고 하고, 당력(唐曆, 당나라 책력)과 묘휘(廟諱,
임금의 묘호)를 청하고 행군하며 말하길
"나는 동이(東夷)를 소탕하고자 하는 마음이 아주 크니,
당(唐)정월 초하루에(正朔)는 물 바깥(海表)에 있을것."이라 했다.

유인궤의 군대는 엄격하게 정돈되어 있고(嚴整),
이리저리 전장을 옮겨 가며 싸우면서 앞으로 왔다.

백제 복신(福信) 등은 웅진강 어귀에서 2개의 책(柵)을 세우고,
신라와 당나라 병사를 막았다.
유인궤와 신라 병사가 합류하여 공격하자,
백제군은 목책(柵)으로 퇴각해 들어갔다.
물길이 험하고, 다리가 좁아져, 떨어지고 물에 빠진 전사자가
10,000여 명이다.

복신(福信) 등은 이에 도성의 포위를 풀어내고,
임존성(任存城)으로 퇴각하여 성을 지키자,
신라군은 양식이 떨어져 퇴각했다.
이때가 용삭(龍朔) 원년(서기 661년), 이월이다. 이에
백제 도침(道琛)은 스스로 영동 장군(寧東 將軍)으로 칭하고,
백제 복신은 스스로 상잠 장군(霜岑 將軍)으로 칭하며,
무리들을 불러 모았고, 백제의 세력은 갈수록 번성해졌다.

백제 사신이 유인궤(仁軌)에게 전달하길
"당나라(大唐)와 신라가 백제의 노인, 아이 구분 없이 모두를
죽인 후에 백제땅을 신라에게 준다는 소식을 들었소.

皆應引兵圍仁願於都城詔起劉仁軌檢校帶方
刺使將王文度之眾便道發新羅兵以救仁願仁
軌喜曰天將富貴此翁矣請唐曆及廟諱而行曰
吾欲掃平東夷頒大唐正朔於海表仁軌御軍嚴
整轉鬬而前福信等立兩柵於熊津江口以拒之
仁軌與新羅兵合擊之我軍退走入柵阻水橋狹
墮溺及戰死者萬餘人福信等釋都城之圍退
保任存城新羅人以粮盡引還時龍朔元年三月
也於是道琛自稱領軍將軍福信自稱霜岑將軍
招集徒眾其勢益張使告仁軌曰聞大唐與新羅
約誓百濟無老少一切殺之然後以國付新羅與

一

어찌 싸우다 죽는 것과 (가만히) 죽음을 기다리는 것이 같겠는가?
우리 백제는 결집해 스스로를 지키려는 것일 뿐이다."라고 하니
유인궤(仁軌)가 화복(禍福)을 갖추어 글을 써서 사신을 보내 백제
복신(福信)과 도침(道琛)에게 타일러 말했다.

백제 도침 등은 무리를 믿고, 교만하고 거만하게
유인궤의 사신을 외관(外館)에 두고, 업신여겨 알려 말하길
"당나라 사신은 관등이 낮고, 나는 일국의 대장군이다."라고 하며
만나지도 않고, 답서도 안 보내고, 당나라 사신을 돌려 보냈다.
유인궤는 무리가 적어, 유인원(仁願)과 군사를 합친 뒤 병사들을
쉬게 하고, 표를 올려 신라와 합세하여 백제와 싸우기를 요청하자,
신라왕 김춘추(春秋)는 조서를 내려
그의 장수 김흠(金欽, ?~?,신라 무열왕 때 장수)과
장병들을 보내 구원하도록 했다.

유인궤 등이 고사(古泗, 옛 사비)에 이르자
백제 복신은 매복하여 공격해 유인궤를 패퇴시켰고,
김흠(金欽)은 갈령(葛嶺) 길에서 도망쳐
신라로 돌아가서는 감히 다시는 나타나지 않았다.

얼마 지나지 않아, 복신이
도침과 그 무리들을 죽였으나
부여 풍(豊)은 제압하지 못하고 단지 제사만 주관하게 놔뒀다.

복신(福信) 등은
유인원(仁願) 등이 성에 고립이 되자,
사신을 보내 그들을 불쌍하게 여기며 말하길
"대사(大使) 등이 언제든지 서쪽으로 돌아간다고 하면, 당연히
배웅해서 보내드리겠소"라며 말했다.

용삭(龍朔), 이 년(서기 662년), 임술(壬戌), 칠월,
유인원(仁願), 유인궤(仁軌) 등이 복신의 남은 무리를

其受死豈若戰之所以聚結固守耳仁軌作書
具陳禍福遣使諭之道琛等恃眾驕倨置仁軌之
使於外館慢報曰使人官小我乃一國大將不合
從不答書徒遣之仁軌以眾小與仁願合軍休息
上幸上表請合新羅圖之羅王春秋奉詔遣其將
金欽將兵救仁軌等至古泗福信邀擊敗之欽自
葛嶺道而還新羅不敢復出尋而福信殺道琛并
其眾豐不能制但主祭而已福信等以仁願等孤
城無援遣使慰之曰大使等何時西還當遣相送
云
龍朔三年壬戌七月仁願仁軌等大破福信餘眾於

웅진의 동쪽에서 대파하고,
지라성(支羅城)과 윤성(尹城), 대산(大山), 사정(沙井) 등의
책(柵)을 함락시키고, 대단히 많은 무리들을 죽이거나 사로잡았다.

또 따로 명령을 내려 병사를 나누어 그 성(城)들에 군대를 주둔시
켜 지키도록 했다. 복신(福信) 등은 진현성(眞峴城)이 강을 마주하
여 높고 험준한 요충지이므로 병사를 추가하여 그 성을 지켰다.

유인궤(仁軌)가 밤에 신라 병사를 지휘하여, 성의 판교와 성가퀴에
다다랐다. 날이 밝을 무렵 성에 들어가서 800명을 베어 죽였다.
그리하여 마침내 신라와 통하는 길이 놓였다.

유인원(仁願)이 병사를 증원해달라고 요청하니,

치주(淄), 청주(靑), 래주(萊), 해주(海)의 병사 7,000명을 징발해

좌위위 장군(左威衛將軍) 손인사(孫仁師)를 보내 무리를 이끌고
물(海)을 건너 유인원(仁願)의 무리에 합류시켰다.

용삭(龍朔), 삼 년(서기 663년), 계해(癸亥), 모(某)월, 때는
백제 복신(福信)이 이미 권력을 마음대로 휘두르며,
부여풍(扶餘豊, ?~?, 의자왕의 아들)을 꿈에서도 시기하고 있었다.
복신은 병을 핑계로 굴실(窟室, 굴 안에 만든 방)에 누워
(부여)풍(豊)이 문병을 오길 기다려 그를 잡아 죽이고자 했으나,
(부여)풍이 그 계략을 이미 알고 부하(親信)들을 거느린 뒤,
복신을 불시에 습격하여 죽였(掩殺)고,
고구리와 왜국에 사신을 보내, 군사를 빌려 당나라 병사를 막았다.

손인사(孫仁師)의 군대는 중도에서 맞서 싸워 고구리와 왜군을 격
파하고, 마침내 유인원(仁願)의 무리들과 서로 합류하니 사기가 크
게 충천했다. 이에 모든 장수들이 향방(所向)을 의논하고 또 말하
기를 "가림성(加林城)은 물과 땅이(水陸)이

熊津之衆拔支羅城及尹城大山沙井等柵殺獲
甚衆仍令分兵以鎮守之福信等以真峴城臨江
高嶮當衝要加兵守之仁軌夜督新羅兵薄城板
堞比明而入城斬殺八百人遂通新羅餽道仁願
奏請益兵詔發淄青萊海之兵七千人遣左威衛
將軍孫仁師統衆浮海以益仁願之衆
龍朔三年癸亥　月時福信旣專權與扶餘豊寖相
猜忌福信稱疾臥於窟室欲俟豊問疾執殺之豊
知之帥親信掩殺福信遣使高句麗倭國乞師以
拒唐兵孫仁師中路迎擊破之遂與仁願之衆相
合士氣大振於是諸將議所向或曰加林城水陸

만나 합쳐지므로 먼저 그곳을 쳐야 한다."라고 하니,
유인궤(仁軌)가 말하기를
"병법에서는 실을 피하고(避實), 허를 쳐야 한다(擊虛)고 했는데,
가림(加林)은 험준하고, 견고하기 때문에 공격을 하면 병사들이
다치며, 지킨다면 허송세월을 하게 되는 것이요,
주류성(周留城)은 백제의 소굴로 무리들이 모여 있는 곳이니,
만약 주류성을 쳐서 이긴다면 모든 성들이 스스로 항복을 할 것이
다."라고 말했다.

이에 손인사(仁師), 유인원(仁願)과 신라왕 김법민(金法敏, 문무왕
(文武王, ?~681)은 육군을 이끌고 진격하고,

유인궤(劉仁軌)와 별동대 두상(杜爽),
부여융(扶餘隆, 615~682, 의자왕의 아들)은
수군과 보급선을 이끌고 웅진강(熊津江)에서 백강(白江)으로 갔다.
육군을 만나 함께 주류성(周留城)으로 갔다.

백강 어귀에서 왜인(倭人)을 만나 4차례 싸워 모두 이기고,
그 배(其船) 400척을 불사르니 연기와 불꽃이 하늘을 붉게 밝혔
고, 물들(海水)이 붉게 물들었다.
백제왕 부여풍(扶餘豐)은 몸을 내빼 달아났는데 어디로 갔는지는
모른다. 다른 기록에는 "고구리로 도망갔고, (부여풍의) 보검을 주
웠다."라고 말한다.
왕자 부여충승(扶餘忠勝, ?~?, 의자왕의 아들), 부여충지(扶餘忠
志, ?~?, 의자왕의 아들) 등은 그 무리를 이끌고 왜인과 함께 항복
하였으나,
오직 지수신(遲受信, ?~?, 백제 부흥군)만이 임존성(任存城)을 점
거하고 항복하지 않았다.

처음에 백제 흑치상지(黑齒常之, ?~?, 부흥군, 서부출신 2품 달솔)
가 도망가고 흩어진 무리들을 불러 모았는데 열흘간에 모인(皈附)
자가 30,000명이었다. 소정방(蘇定方)이 군사를 보내 그 성을 공
격했으나 흑치상지가 맞서 싸워 소정방의 군대를 패배시키고, 다시
200여성(城)을 뺏아 가졌다.

之衡合先擊之任軌曰兵法避實擊虛加林嶮固
攻則傷士守則曠日周留城百濟巢穴群聚焉若
克之諸城自下於是仁師仁願及羅王金法敏帥
陸軍進劉仁軌及別帥杜爽扶餘隆帥水軍及糧
船自熊津江往白江以會陸軍同趨周留城遇倭
人白江口四戰皆克焚其舟四百煙炎灼天海水
為丹王扶餘豐脫身而走不知所在或云奔高句
麗獲其寶劍王子扶餘忠勝忠志等帥其眾與倭
人并降獨遲受信據任存城未下初黑齒常之嘯
聚亡散旬日間歸附者三萬餘人定方遣兵攻之
常之拒戰敗之復取二百餘城定方不能克常之

(흑치)상지와 별장(別將) 사타상여(沙咤相如, ?~?, 백제 부흥군)가 험준한 요새를 점거하고 있으며,
복신(福信)과 부응(應)하고 있었기에
소정방은 이길 수가 없었다.
하지만 때가 되자 그들은 모두 항복을 했다.

당나라 유인궤(仁軌)가 진심(赤心)어린 마음으로 설득하여
그들 스스로가 백제 임존(任存)을 뺏아 당나라에 공을 세우도록
갑옷과 무기(鎧仗), 식량(粮糒)을 보내주니,
당나라 손인사(仁師)가 말하길 "야심은 믿기 어려운 법인데, 도둑들에게 갑옷을 주고, 곡식을 주는 것은 그들을 도와주는 것이오"라고 하니, 유인원이 "백제 (사타)상여와 (흑치)상지는 충성스럽고, 이번 기회를 이용해 당나라에 공을 세우려 하는데, 어찌 의심하시는가?"라고 했다.

그들(사타상여, 흑치상지)이 마침내 임존성을 차지하자
백제 지수신(遲受信, ?~?)은 처와 자식을 버리기까지 하며
고구리로 도망을 갔고, 잔당은 모두가 평정되었다.

손인사(仁師) 등이 개선하며 돌아오니
유인궤를 남겨 병사들을 통솔하여 주둔해 지키도록 조서를 내렸다.

병화의 여파로 집집마다 다 부서지고, 뻣뻣하게 굳은 시신들이 우거진 풀 같았다. 유인궤가 명령을 내려 해골을 묻어 장사를 지내고, 호적을 기록하며, 마을을 다스리고, 관리를 (새로) 임명해, 도로를 통하게 하고, 다리를 세우며, 제방을 쌓고, 언덕과 연못을 보수하면서, 농사와 양잠을 가르치고, 빈궁을 진휼하며, 고아와 늙은 이들을 부양하고, 당의 사직을 세운 뒤, 정삭(正朔)과 묘휘(廟諱)를 공포하니, 백성들이 모두가 기뻐하고, 각기 그곳을 편안해했다.

● 인덕(麟德), 원년 (서기 664년), 갑자(甲子), 모(某)월,
당나라 황제가 부여융(扶餘隆, 615~682)을
웅진 도독(熊津都督)으로 삼고, 귀국시켜

興別將沙吒相如據險以應福信至是皆降仁軌以赤心示之俘取任存自效即給鎧仗糧糒仁師曰野心難信若受甲濟粟資寇便也仁軌曰吾觀相如等之忠而謀因機立功尚何疑二人詫取其穀遲受信委妻子奔高句麗餘黨悉平仁師等振旅還諸留仁軌統兵鎮守兵火之餘比屋凋殘殭屍如莽仁軌始命瘞骸骨籍戶口理村聚署官長通道塗立橋梁補隄堰復陂塘課農桑賑貧乏養孤老立唐社稷頒正朔及廟諱民皆悅咸安其所

癸 甲子

麟德元年癸亥 月常以扶餘隆為熊津都督俾歸

신라와의 오래된 원한을 진정시키고,
유민들을 불러 돌아오도록 했다.

인덕(麟德), 이년(서기 665년), 을축(乙丑), 모월,
신라왕과 웅진성(熊津城)에서 만나 백마를 잡아 맹약을 했다.
유인궤가 맹세의 글(盟辭)을 위해
금서 철권(金書鐵券, 글씨를 새긴 금판)을 만들어
신라의 사당 안(廟中)에 수장을 했는데,
맹세한 내용은 신라기(新羅紀)에서 읽어 볼 수가 있다.

유인원(仁願) 등이 돌아가고, 의봉(儀鳳, 서기 676~679년)
(부여)융을 웅진도독 대방군왕(熊津都督 帶方郡王)으로 삼아
귀국시켜, 백제 유민을 안정시키게 했다.

또 안동도호부(安東都護府)를 신성(新城)으로 옮겨 다스렸다.

이때는 신라가 강성하여
(부여)융은 감히 옛 나라(백제)로 들어가지 못하고,
고구리에 의탁하여 다스리다가 죽었다.

당고종의 부인, 측천무후(武后) 또한
그녀의 손자 경(敬)에게 왕위를 물려받게 하였다.

패망한 백제의 그 땅은
신라와 발해말갈이 나누어 가졌고
(其地已爲 新羅 渤海靺鞨 所分),

마침내 백제의 계(系)보는 끊어졌다.

國平新羅古憾招還遺人
麟德二年乙丑8月與新羅王會熊津城刑白馬以
盟仁軌為盟辭乃作金書鐵券藏新羅廟中盟辭
見新羅紀中仁願等還隆畏眾擒未敢京師
儀鳳中以隆為熊津都督帶方郡王遣歸國安輯餘
眾仍移安東都護府於新城以統之時新羅彊隆
不敢入舊國寄理高句麗死武后又以其孫敬襲
王而其地己為新羅渤海靺鞨所分國遂絕

百濟書記

『백제서기』

백제란, 대신지수(大神之水, 물의 큰 신)란 뜻이다.

백제의 풍속은 무(武)만 중요시하고,
문(文)을 수양하지 않고 또 많이 기피했다.
그러한 이유로 오랫동안 역사(서)가 없었는데,

근초고왕(近肖古王) 때에 이르러
고흥이 역사(서)를 지었으며, 서기(書記)라고 불렀다.

우태왕(優台王, ?~?)

북부여(北扶餘) 해부루(解夫婁, ?~?) 왕의
서자의 아들(庶孫)이다.
해부루 왕은 태양신(日神)이 강령한 후손으로
북방(北方)을 덕으로 베풀어 천하가 태평하며,
여러 나라(列國)에 왕자들을 나누어 보내 백성의 고통을 살폈다.

졸본 태수(卒本太守) 연타발(延陀勃)에게는
소서노(召西奴)라는 딸이 있었는데, 대단히 아름다웠다.
우태(優台)가 그 소문을 듣고, 졸본으로 가길 원했는데,
우태의 어머니 미(微)가 허락하지 않으니

우태가 몰래 졸본으로 가서 소서노와 서로 사통(相通)을 했다.

연타발이 왕을 허락하지 않고, 만나기를 금했으나 서로
태백 산골(太白山谷) 비류천 상류(沸流川上流)로 도망을 가서

百濟書記

百濟者大神水之裔也百濟之俗重武而不修文且多忌諱故久無史至近肖古王時高興始作史曰書記

優台王

北扶餘解夫婁王之廣孫也解夫婁王以日神降靈之後布德北方天下幾平分遣王子于列國以監民疾苦 時卒本太守延陀勃有女曰召西奴 甚美優台聞之請往卒本王以優台微不許優台以王不欲禁之乃相逃避太伯山谷沸流川上逝逝酒頭

하백(河伯)의 신에게 제사를 지내고,
아들을 낳았는데 비류(沸流)라고 했다.

연타발이 그 소식을 듣고 사람을 시켜 맞이하여
돌아오게 하니 마침내, 졸본 땅으로 돌아왔다.
이때가 한(漢) 원년(元年), 초원(初元, 서기전 48년~44년),
이년(서기전 47년) 갑술년(甲戌年)이다.

때는 해부루왕(解夫婁王)의 태자 금와(金蛙, ?~?, 동부여의 왕)가
즉위했는데, 우태(優台)의 아버지이다.

우태(優台)를 졸본의 왕으로 임명했다

●원년(서기전 47년), 갑술(甲戌), 오월,
소서노(召西奴)를 왕비로 삼았다.

비류천(沸流川)에 동명의 사당을 세웠다.

●사 년(서기전 44년), 정축(丁丑), 삼월,
둘째 온조(溫祚)가 태어났다.

칠월, 나라를
동, 서, 남, 3개의 부로 나누었다(分國爲東西南三部).
을씨(乙氏), 흘씨(屹氏), 해씨(解氏)를 나누어
그 주의 수령으로 했다.

●칠 년(서기전 41년), 경진(庚辰), 정월,
왕의 어머니(王母) 을씨가 부여(扶餘)에서 승하하셨다.
왕이 문상을 갔다 돌아온 후 병을 얻어 승하하셨다.

祀河神而生子曰沸流㳄陷勃聞之使人迎皷遂以李丕之地皷之時漢元年初元二年甲戌歲也時解去娶主太子金蛙立即優台之父也命優台王子李育

元年甲戌五月立名西奴爲妃立東明廟於沸流川

四年丁巳三月次子溫祚生

七月分國爲東西南三部使乙氏吃北解氏合長兵州

七年庚辰正月王母乙氏薨於扶餘王徃迎其喪而皷至得疾而薨

사월, 우태왕은 승하하셨으나, 그의 딸(遺復女)
아이(阿爾)가 태어났다.
오월, 왕비 소서노(召西奴)를 여자 임금(女君)으로 삼았다.

● 팔 년(서기전 40년), 신사(辛巳), 칠월,
(해)모수왕(慕漱王)의 태자 주몽(朱蒙)이
북부여(北扶餘)로부터 도망을 왔는데

나이는 19세이고, 영웅스러움을 비할 바가 없었다.
소서노가 주몽을 맞이하여,
빈당(賓堂)에 머물게 했으며 그 대접이 매우 후했다.

아침, 저녁으로 정갈히 목욕을 하고, 주몽은 달콤한 말로 여왕을 유혹하며 말하길 "여왕의 나이는 겨우 27세인데, 돌아가신 선왕을 위해 정절을 지킬 수가 있겠습니까?"라고 하니, 소서노가 "감히 정절을 말하지 마시오. 전 남편 때문에 어쩔 수 없소."라고 대답하자 주몽이 이내 그 뜻을 알고, 마침내 도발하여 소서노와 통하고 나라 사람들이 알까 두려워 기뻐하지 못하고, 그 일을 감추었다.

사월, 주몽과 소서노가 사냥을 나가서 신록을 잡고, 주몽이 말하길 "오늘 하늘이 나에게 복을 내려 부부가 되도록 해주는구려"라고 하니, 소서노가
"지금 당신과 나는 사통을 하고, 나라에 알리지도 않았는데, 어떻게 하면 좋습니까?"라고 물으니
주몽이 "내가 활을 잘 쏘니, 당신은 남편을 고르는데 당연히

四月王遣腹女河伯生
五月以妃名西奴為此君
八年辛巴七月慕漱王太子朱蒙自北扶餘逃來
其年巳而英雄無比名西奴迎之置于賓臺待之
原朝善同婚朱蒙誘以甘言曰女居年才二十七
能寫先王守寅子台西奴曰非敢曰身也無可以
滿夫著也朱蒙乃知其意遂挑而通之恐國人不
悅而辭之
十月朱蒙與吾西奴出獵獲神鹿朱蒙曰此天
將祚我夫妻也名西奴曰今且與我潛通而不
告於國中奈何朱蒙曰吾善射汝宜擇夫以美

활을 잘 쏘는 사람을 선택하는 것이 어떻겠소?" 하니,
소서노가 그렇게 하겠다고 승낙하고, 이내 나라에 명령을 내려
말하길 "나는 젊은 나이에 과부가 되어, 남편 없이 홀로 지낼
수가 없으니, 활을 잘 쏘는 사람을 남편으로 맞이할 것이다. 각자
그 기량을 내 앞에 와서 시험해 보아라"라고 하며 명령을 내렸다.

응하는 자가 대단히 많았으나, 모두가 주몽(朱蒙)에게는 미치지 못
했다. 소서노가 크게 기뻐하며 마침내 주몽과 사당에서 혼인을 했
다. 실력이 미치지 못 해(결혼을 할 수 없게 된)자들이 분노하여
반란을 일으키려 하자,

주몽이 그 신하 협보(陜父, ?~?) 등을 시켜 잡아다 처벌했다.

● 구 년(서기전 39년), 임오(壬午), 사월,
주몽이 소서노에게 말하길 "나는 당신의 남편이지만, 나라 사람 중
에 많은 이가 불복하고 있는데, 내가 나라에 공이 없다고 여기는
것 같소, 내가 정병을 양성해 주변을 공격하여 오만하고 무례한 자
들을 굴복시키고자 하는데 어떠하오?"라고 하니,
소서노가 말하길 "나는 당신의 부인인데 오직 명령을 내리면 따를
뿐이옵니다."라고 했다.
이에 주몽은 백성 중 장정을 골라 활쏘기와 말타기를 배우게 하고,
군대를 나누어 배치하여, 그 심복인 신하들이 이끌도록 했다.

● 십 년(서기전 38년), 계미(癸未), 이월,
소서노가 주몽의 딸 감아(甘兒)를 낳았다.

射者何如名西奴諛之乃令國中曰吾年少而寡不可空房能善射者可以夫之耆以其技來試若苟令下應善萬衆皆不及於朱蒙名西奴大喜遂興朱蒙相婚於廟中不及者怒欲作亂朱蒙使其匡陝父竇捕而治之

九年壬午四月朱蒙說名西奴曰吾為泄夫而國人多不服者以吾無功於國家也吾欲養精兵以攻隣郡之倣慢無禮若何如名西奴曰吾為池妻惟命是從而已於是朱蒙選民壯丁使習弓馬分署部曲以其心腹匡領之

十年癸未二月名西奴生朱蒙次甘兒

이해(是年)에 주몽은 졸본의 모든 부락을 다 평정하고,
온 나라에 위세를 떨쳤다.

소서노가 말하길 "나는 아녀자 된 몸으로 중대사(時務)는 모르니,
집안에 거하면서 육아하고, 집안일이나 하는 것이 마땅한 줄 아옵
니다. 천하의 일은 낭군이 주관하소서"라고 하니, 주몽이 크게
기뻐하며 말하길 "당신은 진정으로 나의 부인이시오. 그런데 어찌
당신의 옛 신하들은 복종하지 않는 것이오?"라고 하니, 소서노가
"낭군께서는 저를 아내로 삼으시고, 제 아들을 태자로 삼으셨는데
신하들이 복종하지 않을 이유가 있겠사옵니까?"라고
말하니 주몽이 "좋소"라며 말했다.

● 십일 년(서기전 37년), 갑신(甲申), 정월,
소서노가 주몽을 왕위에 오르게 하고,
비류(沸流)를 태자로 삼았으며,
온조(溫祚)를 왕자로 삼고
우태(優台)의 옛 신하들과 졸본(卒本)의 모든 신하들을
주몽의 신하들과 서로 혼인해 친척이 되도록 명령을 내렸다.
국호를 고쳐 '고구리(高句麗)'라고 했다.

● 십이 년(서기전 36년), 을유(乙酉), 유월,
비류국(沸流國)을 평정하고,
그 곳의 왕이였던 송양(松讓)을 다물후(多勿侯)로 봉했다.
비류국은 원래 졸본에 속해 있었는데,
지금에 이르러 다시 옛날과 같이 귀속되었다.

● 십사 년(서기전 34년), 정해(丁亥), 칠월,
성곽과 궁실이 비로소 크게 완성되었다.
왕과 황후가 주연에 크게 즐거워하며

是年朱蒙畫甲辛本蒲鄭落國振一國公西奴曰吾以女子不識時務但居內育兒主饋可已天下事唯郎君生之朱蒙大喜曰汝來吾妻也來汝旧匪不服何名西奴曰郎君以我為妻以吾子為太子則君匪豈有不服之理哉朱蒙曰善
十一年甲申正月召西奴立朱蒙為王而沸流為太子沸稱為王子命俊堂內匪守店諸匠與朱蒙之匠相婚為親戚汝國號曰馬句麗
十二年乙酉六月中沸流國以其主松讓為多勿候沸流未應辛本令後敢故也
十四年丁亥七月城郭宮室始大成王興臣歡酒極

내외 종친과 신하들에게 상을 내렸다.

● 십육 년(서기전 32년), 기축(己丑), 시월,
장군 오이(烏伊), 부분노(扶芬奴, ?~?)가 2개의 길로 나누어,
태백산 남동쪽 행인국(荇人國)을 공격하여
그 땅을 취하고, 성읍으로 삼았다.

● 십구 년(서기전 29년), 임진(壬辰), 오월,
행인국의 왕녀 벽라(碧羅)를 태자 비류(沸流)의 비로 삼고,
군신들에게 주연을 열어주었다.

● 이십일 년(서기전 27년), 갑오(甲午), 십일월,
장군 부위염(扶尉猒, ?~?) 등이 북옥저국(北沃沮國)을 멸망시키고,
그 땅에 구루(溝婁)를 설치해 성읍으로 삼았다.

● 이십사 년(서기전 24년), 정유(丁酉),
왕의 어머니 유화(柳花) 왕후께서 부여에서 승하하셨다.
왕과 왕후가 압궁(鴨宮) 물 위에서 장사를 지내며 곡을 했고,
사신을 부여로 보내 부의금을 바쳤다.

이해, 왕의 적통 아들, 유리(類利)가 부여에서 넘어와
사냥길에서 왕을 만났다.

왕은 왕후가 알까 두려워 꺼리며, 유리를 곧바로 데리고
들어가지 못해, 다물후(多勿侯) 송양(松讓, ?~?)의 집에
의탁시키고, 나라 안으로 순행하러 다니며

樂賞賜格外宗盛及諸任

十六年己丑丁月將軍為伊芳奴分兩道攻太伯山南柬蒱人國取柴地為城邑

十九年壬辰五月以蒱人閒王女碧羅為太浦浣妃賜腩群任

二十一年甲午二月將軍扶尉獻寶攻滅北浹沮國以其地罷滿羣為城邑

二十四年丁酉王世柳花沉瓿於扶餘使于扶餘獻贈豕于鴨宓水上道使于扶餘獻贈是年王娥子類利自扶餘来謁王子獵塗王畏况不悦不五年放使賓多勿候松讓家雨巡行國中恤民窮

백성들을 긍휼히 여겨 궁핍한 자들을 구휼하고, 질병을 치료해주니 사람들이 그 어짐을 칭송하였다. 소서노가 듣고, 그것을 이상하게 여겨, 왕에게 일러 말하길 "소첩이 듣기로 부부는 한 몸인데, 낭군의 아들이 우리나라로 와 거주(居)하고 있으면서도, 와서 알현하지 않는 것은 무엇 때문이옵니까?"라고 하니,
왕이 말하길 "유리가 비록 아비를 그리워해 왔으나, 나는 비류(沸流)와 온조(溫祚)를 아들로 삼았는데, 어찌 이미 버린 자식을 그리워하며, 사랑할 수가 있겠소?"라고 했다.

소서노가 "아비와 아들은 천륜이거늘, 어찌 자식을 버릴 수가 있겠사옵니까? 또, 소첩과 대왕이 서로 혼인한 지 20여 년간 오직 감아(甘兒) 하나만 낭군의 자식이며 나의 자식인데, 어찌 불러들여 궁중에 거처하게 하지 않사옵니까?"라고 말하니

왕이 "우리 부인의 말이 옳구려. 만약 아이(阿爾)를 유리에게 시집을 보내면 유리도 대단히 좋아할 것이오"라고 말했다.

왕후가 "부부지간에 애석할 게 뭐가 있겠사옵니까? 오직 당신이 하고자 한다면 그것이 바로 소첩의 마음이옵니다."라고 말하니 대왕이 기뻐하며 이내 유리(類利)를 불러 아이(阿爾)의 궁 안으로 들게 하여 아이를 아내로 맞게 했다.

유리는 이에 아이(阿爾)와 안으로는 부왕과 모후에게 아첨하고,
겉으로는 정치의 대신들을 결집하였고
암암리에 적장자의 자리를 뺏으려는 뜻을 쌓았다.

延者兩醫其疾人稱其賢名而奴聞而怪之謂王曰吾聞夫婦一身卽君之子乘居吾國而不來謁者何也王曰役雜裹父而來我以沸湯祚當子何可戀之子已棄之于芊各西奴曰父子天倫之親也安可棄之敎且娶與大王相婚二十餘年只有日見一人卽君之子乃安之子也何不呂來而置於宮中王曰吾妻若以阿甫妻之兩其子是子則好莫甚矣仍歸夫婦之間有何所惜惟池所懃者是喜之心笑乃名顗利置於阿甫宮中而妻之類利乃與阿甫的媚于父王母於外錬執政士任暗富專擅之志

● 이십구 년(서기전 19년), 임인(壬寅), 사월
우보(右輔) 오이(烏伊) 등이 상소해 말하길
"예로부터 제왕이 그 자식을 태자로 세우지 않은 적은 없사옵니다.

지금 대왕(주몽)께서는 힘들게 창업(創業,건국)을 하시고도 대왕의 아들을 태자로 삼지 않으셨습니다. 신(臣)들은 감히 천추만세의 후예로(千秋萬歲之後) (비류를) 택할 수 없사옵니다.

비류가 만약 태자로 옹립된다면 마땅히
그 아비는 우태(優台)로 하고, 왕비로는 우리 왕후를 세울 것입니다. 그렇게 되면 대왕께서 어찌 이 나라에서 혈식(血食, 나라를 보전함)을 하실 수가 있겠사옵니까?

유리(類利)를 태자로 삼고, 아이(阿爾)를 태자비로 삼으신다면,
아이(阿爾)가 지금 임신한 몸이니 훗날 대왕(大王)과 성후(聖后)의 자손이 영원히 오랫동안 이 땅에서 왕이 될 것입니다.
대왕과 성후께서 오랫동안 서로 오곡이 잘 익는 땅에서 배향되시면 모두 아름다운 도리가 아니겠사옵니까?"라고 하니,

왕이 말하길 "자식을 어진 자로 하여 종묘사직을 중히 할 것이다. 지금 비류는 어질고, 덕이 있는데,
내가 어찌 나의 그 소생(유리)을 세울 수가 있겠는가?"라고 하니,

군신들이 "비류는 비록 어질기는 하나 제왕의 그릇은 아니옵고,
이미 이룩한 사업을 지키는 사람이옵니다. 유리는 재덕을 겸비하고, 백성들 모두가 우리 왕의 아들이며, 돌아왔다고 말하고 있습니다. 지금 만약 태자로 세우지 않으신다면 후회해도 늦을 것이옵니다."라고 말했으나 왕은 그 말을 듣지 않았다.

유리 역시 스스로 사양했으나

二十九年壬寅四月右輔烏伊等上言曰自古帝王莫不立其子以為太子今大王幸芸創業而不立己子建等不取千秋萬歲之後沸流芳立宣以其父優台配于其廟芙大王安得血食于此國守芳以類利為太子卽阿甫為太子妃則阿甫今已娠芙但曰大王聖孫永久于此土大王聖孫以類配食芳大是非俱美之道哉王曰立子以賢者以重社稷宗廟也今沸流仁而有德芸何敢私其所生于群臣曰沸流雖仁非帝王之器守成之人也類利才德雄全可以嗣位吾王之子而故之今若不立悔之晚矣王不聽其言類利亦辞讓

백성들의 뜻이 움직이면 그것을 막을 수가 없을 것이다.

왕이 같은 베개를 베고 (잠자리에서) 그것을 근심하자
왕후가 "나의 아들 비류가 비록 어질지만, 당신의 아들 유리에게는 미치지 못하는 것을 사람들이 다 알고 있사옵니다. 아이(阿爾)가 만약 좋은 손자를 낳아 이 나라를 계승할 수 있다면, 나는 전남편(우태)과 지금의 남편(주몽)에게 모두 아내의 도리를 다하는 것이옵니다. 대왕은 어찌 고집하고 근심하시옵니까?"라고 말하니,

왕이 "나라를 세우는 도리는 어진 후사를 선택하느니만 못하오,
나는 진실로 나의 아들이 어진지를 모르겠소.
만약 당신의 말처럼이면 내일 시험을 할 것이오."라고 말했다.

그리하여 왕궁의 좌우에 깃발을 세워서,
"비류를 세우고자 하는 사람은 오른쪽으로,
유리를 세우고자 하는 사람은 왼쪽으로 모여라" 하고 명령하니
왼쪽, 유리를 따르는 자가 오른쪽으로 따른 자들의 3배였다.

왕이 탄식하며 말하길
"내가 비류를 (태자로)세우고 싶지 않은 것이 아니다.
하늘이시여! 어찌 유리를 태자로 세우려 하시나이까?"라고 하며

땅을 3개의 부로 나누게 했고,
비류에게는 그 동남(東南)을,
온조에게는 그 서남(西南)을,
유리에게는 그 북부(北部)를
다스리게 하고, 황후의 마음을 위로하였다.

이때부터 국정의 많은 부분이 유리에게 갔고,
비류, 온조는 점차 불평의 뜻을 품게 되었다.

而群情一動不可樂之王與同枕而愛之況曰君
子沸流雖仁而不及於汝子類利人所共知也阿
子沸流雖仁而不及於汝子類利人所共知也阿
而若生好孫知能繼嗣郡吾於前夫後夫皆盡婦
道矣池何固執而廢主乎王曰建國之道莫如擇
嗣以類其實不知吾子立嗣矣如池言明日可試而
為之乃立職於王宮之左而令曰欲立沸流者而
兩欲立類利者左沾左者三倍於右王歎曰吾非
不欲立沸流天也奈何乃立類利為太子而使分
三郡地沸流倉貝康南溫祚官貝西南類利治其
北郡此應海心曰是國政多敵類利沸流溫祚漸
懷不平之意

구월, 왕(주몽)이 승하하셨다.

왕후가 애통해하며 왕을 따라 죽으려 했으나 군신들이 막으며 말하길 "대왕께서 갑자기 세상을 떠나셨는데, 성후께서도 따라가시려 한다면, 신(臣)들은 어디로 가오리까?"라고 하니 왕후가 "태자가 있으니 신(臣)들은 태자를 받들면 될 것이요"라고 했다.

이에 유리가 왕으로 즉위하고, 왕후를 받들어 태후로 삼고,
아이(阿爾)를 왕후로,
비류와 온조를 좌우(左右) 형님 왕들(兄王)로 삼았다.

시월, 왕후 아이(阿爾)가 태자를 낳았고, 도성에서 큰 사면을 했다.

유리가 처음 송양(松讓, ?~?)에게 있을 때 그 딸 송화(松花)와 몰래 사통을 했다. 이때 아이(阿爾)가 출산하여 누워 있었는데, 후궁도 없으니
송화가 후궁으로 들어와 예전과 같이 잠자리를 했다.

태후(소서노)가 달갑지 않아 말하길 "내 딸은 왕(유리)의 아들을 낳고, 누워 있는데 왕후의 남편 된 자로서 마땅히 아침저녁으로 곁에 있으면서 수고로움을 나누어야 하는데 어찌 오로지 (후궁만) 받아들이려고만 하시오? 불미스러운 여자요"라고 하니, 유리가 말하길 "군주는 마땅히 그 자손을 널리 퍼뜨려야 하는데 후궁 한두 명으로는 불가하거늘, 하물며 송화는 나의 조강지처요, 비록 어머니의 말씀이지만 그녀를 버릴 순 없사옵니다."라고 했다.

태후가 이에 화를 내며 말하길 "너는 태자 시절에도

九月王薨治哀痛欲絇之群臣止之曰大王惡棄
雲治而從佳等何歸治曰太子在汝等奉之可也
於是類利即王位奉祀為太祀以沸流為左元王
流濟祚為左元王
十月阿蘭弗生太子都切大赦
類利初在松讓之時潛通其女松花至是阿蘭產
臥而無後宮松花入內後通之如故太祀不悅曰
吾女居之子而卧為人三夫者當旦夕在其側
而分勞之安可繼嫂納不美之女哉類利曰人居
當廣具嗣嫌不可冬一二後侯況松花者之糟
糠乞如妾不可棄也太祀乃怒曰汝為太子時戲

우리 부부를 속여 어질고 현명한 것처럼 보이더니,
지금 너의 부친(주몽)이 돌아가셨다고 감히 이처럼 할 수 있다는 것이냐?"라고 하며, 비류와 온조를 불러 의논하며 말하길
"나는 유리에게 속았다. 너희들은 빨리 이 일에 대비하여 계획대로 각자의 땅으로 가는 것이 마땅하겠구나"라고 하니, 비류가 "대왕(주몽)께서 살아계실 때, 저희를 사랑하시길 친자식처럼 대해주셨는데, 지금은 쓸데없는 혹과 같은 상황이니 벗어날 수밖에 없구나. 어머니를 모시고 남쪽으로 가서 새로운 나라를 여느니만 못한 것 같구나"라고 말하니 온조가 좋다고 말했다.

비류왕(沸流王)

우태왕(優台王)의 큰아들이며,
사람됨이 온유하고 인자하며, 효성스럽고 우애가 있었다.

● 원년(서기전 18년), 계묘(癸卯), 정월,
비류가 동쪽으로 가서,
남쪽으로는 대수(帶水)를 건너(東行南渡 帶水),
미추홀에 이르러 미추홀에 살고자 했으며,

온조는 오간(烏干), 마리(馬黎) 등과 서남으로 가서
패하(浿河)를 건너,
역시 미추홀에서 모였다(西南行而渡浿河,亦會于 彌鄒忽).

비류를 왕으로 세웠다.

오월, 동명의 사당을 세웠다.

吾夫妻示以仁賢今汝父沒而恐敢如此乎乃與沸流溫祚議曰吾爲數利所欺汝等宜早爲之計沸流曰大王生時愛吾等如子今各往所封之地則未若謀虎矣不如奉母南行開創新國焉遂拜

沸流王
優台王長子爲人柔仁孝友
元年癸卯正月沸流東行南渡帶水至彌鄒忽歡辰之涇拜興鳥干馬黎等西南行而後浿河赤會于彌鄒好立沸流爲王
五月立東明廟

칠월, 유리가 송화(松花)를 왕후로 삼자,
아이(阿爾)가 질투를 하고,
태후(소서노)와 함께 미추홀로 떠나고자 했다.

을음(乙音, ?~23, 온조왕의 족숙)이 그것에 간청하여 말하길
"소인(小人)은 참지 않고 소란을 일으키지만,
대인(大人)은 왕후 된 도리를 다하는 것이옵니다.
남편의 뜻을 순순히 따르시는 것이 좋을 것 같습니다."

을음이란 자는 우태(優台)의 어머니 을씨가 그 내연남과 사통 후
낳은 사람이다. 심중(沈重)하고 식견이 있었으며 용감했다.
소서노에게 간청하여 주몽을 맞이해 남편으로 삼게 하고,
또 유리를 받아들이도록 간언했다.
옛 수도(古都)에 머물며 태후를 위로했었다.

● 삼 년(서기전 17년), 갑진(甲辰), 삼월,
태후가 을음(乙音)과 함께 미추홀로 귀부했는데, 이해 정월,
왕이 말갈(末曷)이 북쪽 경계에서 날쌔게 움직이며 속임수를 많이
쓰자, 병사들을 무장하고 곡식을 비축해 막아 지키고자 계책을
강구 하니 군신들이 모두
"을음(乙音)이 아니면 불가능하오니 을음(乙音)을 불러
우보(右輔)로 삼으소서"하고 말했다.

태후 역시 "이번에 기회가 우리에게 왔으니 그 세력을 중하게 여기
시옵소서"라고 말하니 옛 신하들이 달려오는 자가 계속해서 이어져
끊이질 않았고,
을음(乙音)은 덕행(德)으로 내외병마사(內外兵馬使) 일을 맡았다.

비류왕이 직접 여동생(이복동생)인 감아(甘兒)를
동생 온조에게 시집을 보냈다. 감아는 주몽 왕의 딸이다.

七月顆利以松花尚阿甫姊之與太后歡奔敗
彌鄒怨乙音諫之曰小不忍亂大謀為侯之道莫
若承順夫王之志乙音者僞㱕母乙沈通其私夫
而生者也沈童有識見曾諫不而以之迎朱蒙為
夫又謀紺麒利至是紺名都以麼太后
二年甲辰三月太后與乙音敗彌鄒怨是年正月王
以末曷在北畏魯而多詐欲繕甲積穀以究㢢守
之計群佳皆曰若非乙音不可乃佐乙音為右輔
太后亦以此機敗我而奪貝勢蔦佳之奔末曷
續不絶乙音緦輒内外莢馬事
王以親妹日兒妻王第溫祚曰兒朱蒙王之女也能

말을 잘 타고, 활을 잘 쏘았다.

유리는 감아(甘兒)와 사통하여 후궁으로 삼고 싶었다.
왕후 아이(阿爾)가 "나는 이미 속아 후회막급이요."라고 하자,
유리가 "당신은 태후(소서노)를 따라 오빠들에게 가시오"라고
했다. 감아 역시 속으로, 유리는 의리 없고 속임수를 많이 쓴다며
경시하고 태후를 따라 미추홀로 갔다.

이에 이르러 온조(溫祚)와 감아는 서로
동명 수(나무) 아래서 혼인을 하고
군신들에게 크게 잔치를 베풀었다. 태후가 술을 마시고 즐거워하
며, 왕과 왕후에게 춤을 추고 노래를 하라고 하니 그 노랫말이

"나의 땅에서 내 어머니를 모시며, 동생을 사랑하고, 여동생을
안으니, 자손들의 즐거움이 무궁하고 끊임없기를 바라네",

"후세 사람들이 효도와 우애를 논한다면
반드시 이 노래를 교훈으로 삼아라" 라고 했다.

● 삼 년(서기전 16년), 을사(乙巳), 오월,
감아가 아들 다루(多婁)를 낳았다.
때는 왕후 벽라(碧蘿)가 딸 셋을 낳았으나 아들이 없자,
태후가 명령해 다루를 골라 왕자로 삼고,
벽라의 딸 와씨(蛙氏)를 처로 삼게 했다.

구월, 말갈이 북계를 침입해오자
왕이 온조에게 명령해 말갈을 물리쳤다.
감아(甘兒) 역시 갑옷을 입고

騎馬善射頗利歌通之為後宮阿倍伯狐曰我已見欺悔之無及汝宜浴太沉故依肥光曰兒亦心厭頗利無義多詐洗太沉的彌都邑至是與温祚相婿花東明樹下大宴群匡太沉的飲酒樂之命玉典俯起舞而歌貝歌曰奉吾母兮王考王爰吾深兮地吾姝歌我子孫樂無窮而不盡後人論孝反者以此比歌為則

三年乙巳五月日兒生子多婁時玉沉碥薩生三女而無子太沉命取多婁為王子妻以碧羅之女娃氏

九月末昌來侵北鄙王命漁耶擊退之甘兒亦禮甲

온조를 따르고, 정예군을 선발해 사잇길로 나가 재빨리 공격해
대파했다. 말갈 도적 떼 중 살아서 돌아간 자가 열에 한 둘이었다.

왕이 이에 동생 부부에게 상을 내리며 말하길
"훌륭한 내 동생들이다. 나라의 두 보배로다."라고 했다.
태후 궁에서 저녁을 먹었다.

십일월, 유리(類利)가 사신을 보내 태후에게 특산물을 올리며,
도성으로 돌아오기를 요청하니,
태후가 말하길 "왕께서 송화(松花)의 상을 치르고, 다시 화(禾),
치(雉) 두 여인에게 장가를 들었다는 소식을 듣고, 우리 여자들은
상심했소, 이처럼 호색한 사람을 나는 보고 싶지가 않소.

선왕(주몽)의 영웅 됨은 천하에 비할 바가 없소,
오로지 나만을 좋아하셨고, 다른 여색은 밝히지 않았소,
유리 왕은 마땅히 그것을 아셔야 할 것이오."라고 하니 사신이
겁을 먹고 돌아갔다.

● 사 년 (서기전 15년), 병오(丙午),
봄 여름 크게 가물어 백성들이 굶주리고 역병이 돌았다.
왕과 왕후가 마을을 순무하고 위로하며 백성들을 구휼했다.

팔월, 사신을 낙랑에 보내 수교를 했다.
낙랑(樂浪)은 진한(辰韓)이다.

洸之選勁師出間道急擊大破之賊之生還者十
二三王乃賞王芥王妹曰好吾弟妹國之瓌寶
也夕食于太府宫
十一月頗利道使獻方物於太府而請還都太府
曰閩池王䘮松花而更要示雜兩女以傷吾女之
心如此好色之人吾不願見也先王英雄無比而
惟紫成好不用他色油王共宜知之使者惢懼而
歸
四年丙午春夏大旱而民饑且疫王興府巡撫郊落
而慰撫之
八月進使于梁浪而修好梁浪高辰韓巴在

우리의 동남쪽 경계에 있으며(我東南界),
함께 말갈을 막고 있기에, 마한(馬韓)을 섬긴다.

● 오 년(서기전 14년), 정미(丁未), 사월,
왕의 동생 온조를 마한으로 보내 땅을 빌렸다.

이때 마한은 정치가 쇠약해져,
말갈(末曷), 낙랑(樂浪), 가야(加耶)가 점차 강해지는 것을 두려워
해, 왕으로 하여금 말갈, 낙랑을 제압하고자
동북 100여리 땅을 허락해주었다.
또 철을 캐서 무기를 만들 수 있도록 허락하고
온조를 특별하게 대우해 주며 돌려보냈다.

사월, 왕이 북쪽 변경을 순무하고, 신록을 잡았다.

십일월, 마한의 사신이 와서
왕의 딸(과 혼인)을 요청했으나
왕이 딸의 나이가 어리다며 거절했다.
마한의 군신은 쾌락을 탐하고, 나라의 백성들은 구휼하지 않았다.
낙랑, 가야가 해마다 미녀를 바치며.
그 영토의 성들을 침입하여(侵入其封疆)
나날이 마한은 영토가 줄어들었으나, 대수롭지 않게 생각했다.

감아(甘兒)가 아들 마루(馬婁)를 낳았다.

● 칠년(서기전 13년), 무신(戊申),
왕후 벽라(碧蘿)가 승하하셨다.
왕이 애통해하자 신하들이 계후(繼后)를 들이라고 요청했다.

我宗南界所兵推末昌而夢馬韓故也
五年丁未四月遣王弟溫祚於鳥韓借地時馬韓政
衰農走昌梁浪加耶之漸威欺便王制末昌梁浪
的許原北百里之地旦許採鐵鑄兵戈備待王祭
加故
十月王巡撫北邊獲神鹿
十一月鳥韓便來請王女王獻以年幼馬韓君怕配
崇不恆國民梁浪加耶年之絪美女優入興封疆之
埃日縮而不以為意
日夜生子馬婁
乙年戊申王所碧羅苑王痛哀之辟匡諧納楮

왕이 참을 수 없어 말하길
"부부의 도리는 마땅히 서로가 따라야 하고, 비록 서로 따르지 않더라도 어찌 인내도 없이, 아직 (시신이) 식지도 않았는데, 급하게 다시 계비를 맞으란 말이오?"라고 하니,

태후가 듣고 슬퍼하며 말하길
"내가 비류에게 죄를 지은 것 같구나."라고 했다.
온조가 태후를 위로하며
"어머니께서 재혼(再嫁)하신 것이 어찌 죄가 되겠사옵니까? 형님이 재혼하지 않는 것도 근본적으로 따져보면 좋은 것 아니겠습니까? 아마도 떠난 형수님(왕후)을 사랑하시는 마음이 아직 식지 않은 이유 때문인 것 같사옵니다."라고 말했다.

돌아가신 벽라(碧蘿)는 행인왕(荇仁王)의 딸이었으며, 경국지색(傾國之色)을 가지고 있으며 태임(太妊:상나라 말기 왕계의 왕비, 주 문왕의 모친, 품행이 단정하고 성실했으며, 모든 일을 덕으로 처리했다.)의 덕과 효성이 지극하고, 우애로우며 자애로웠다. 비류(沸流)로 하여금 마음속으로 젖어 들어 화목하게 할 수 있었고, 큰 재난에 당면하더라도 미혹되지도 않았다.

남쪽으로 온 이후, 친히 사소한 일까지 처리하시고, 장졸들을 위로하시며 일찍 밤에 잠을 주무신 적도 없어, 피로가 더욱 심해지셔서 마침내 병을 얻어 승하하셨다. 그리하여 군신들은 (지위가)높은 사람이나 낮은 사람이나 (슬픔으로 마음이) 안 아픈 사람이 없었다

춘추 34세에 3명의 딸을 두셨고 모두가 절세미인이었다.
마한왕이 수 차례 사신을 보내서 청(혼)을 요청했지만 허락하지 않았다. 온조의 아들 다루(多婁)를 아들로 삼고 그 나라에 전해주고자 하였다. 승하하기에 이르러 왕에게 일러 말하길 "내가 죽거든 다시 아내를 맞이하지 말고, 아들들의 국정은 온조(溫祚)에게 맡기고, 궁중(內事)의 모든 것은 딸들에게 맡기면 될 것이오"라고 하니

诤王不怿之曰夫妇之道亘相待虽不得相从必
忍吾未冷而怨浪雨要宁不治闻而悲之曰吾有
罪祚沸流芙溫祚慰之曰毋三而嫁岂其罪先
之不可要若孙何甞养之答戒其爱姬之情妇
有未己故巴诺既以荐人王女有倾国之色而不
妊之德孝反基爱能使沸流溪冷于心者大难而
不感南来以后观欷愤幸以慰好士风无处病疲
劳益吴道浮渡而死故群医上下莫不痛之吾秋
三十四有三女皆绝美焉韩王数遣使求之而不许
以温祚子多婴为子欷傳只国临死谓王曰我死勿
要葬以芙兒华国政川委温祚而内事可委女莘

왕이 그렇게 하겠다고 허락했다.

때는 왕의 장녀 총희(葱嬉)가 이미 16살이 되어,
왕후를 대신해 궁중의 일을 처리할 수 있었던 이유이기도 하다.

삼월, 왕과 총희가 북쪽으로 군읍(郡邑)을 순행하고, 병졸들을 위로했다. 감아(甘兒)에게 궁으로 들어와 일을 보라고 명령했다.

● 팔 년(서기전 11년), 경술(庚戌), 이월,
말갈 3,000명이 와서 위례성을 포위했다.
왕이 10일 동안 문을 닫고 나가지 않았다.
그들의 양식이 떨어지기를 기다리자 돌아갔다.
정예병을 골라 대부현(大斧峴)으로 추격해서
500여 명을 죽였다.

칠월, 마수성(馬首城), 병산책(瓶山柵)을 쌓았다.
낙랑과 화친이 깨어졌다.

● 십 년(서기전 9년), 임자(壬子),
왕이 사냥을 나가 신록을 잡아서 마한으로 보냈다.

십일월, 말갈이 북쪽 변경을 노략질하자 왕이 병사 200명을 보내
곤미천(昆彌川)에서 맞서 싸웠으나 대패하고,
청목산(靑木山)에 의지해 홀로 지켰다.

왕이 친히 정예 기마병 100명을 거느리고

王薨之時主長女慈姬年已十六能代治視國事故也

三月王與慈姬妃巡郡邑以慰勞平爺廿兒人但視李

八年庚戌二月末昌三千乘圍廐禮城王經旬開門不出待貝粮盡乃敢簡銳卒追及大斧峴殺傷五百餘人

七月等焉首城瓶山柵與樂浪失和

十年壬子王出獵獲神鹿以送馬韓

十日末昌寇北境王遣兵二百拒戰於昆彌川上而敗績依青木山兩自保王親帥精騎一百出烽

봉현(烽峴)으로 나가 구원을 하시니, 도적 떼들이 이내 물러났다.

● 십일 년(서기전 8년), 계축(癸丑), 사월,
낙랑이 말갈을 사주해 병산책(瓶山柵)을 습격해서 파괴하고,
100여 명을 죽였다.

칠월, 독산(禿山), 구천(狗川) 2개의 책(兩柵)을 설치하고,
낙랑이 침략해오는 길을 막았다.

● 십삼 년(기원전 6년), 을묘(乙卯), 이월,
늙은 노파가 남자로 변했다.
호랑이 다섯 마리가 성에 들어와,
왕이 동명 수(나무)에서 물리쳤다.

왕이 얼마 되지 않아 태후가 병을 얻어 승하하셨다.
춘추는 61세였다.
나라 사람들이 소서노 사당을 세워서 제사를 지냈다.
왕후(소서노)는 연타발 대왕의 셋째 딸로 키가 크고,
아름다우셨다. 한때는 실권을 장악하시고
(하늘에 부합한) 사람을 길러내시며,
우태왕과 함께 졸본국을 경영하시어 그 인심을 얻으셨다.

또, 주몽 왕과 고구리를 경영하시어 역시 대중의 신망을 얻으셨다.
유리가 배반했으나 싸우지 않고, 유리에게 고구리를 맡기셨다.

그리고, 두 아들과 남쪽으로 건너와 백제를 경영하셨다.

태후는 3개 국가의 사람들 모두가 존경하기를 마치 신과 같았다.

이하 백제 서기 完
- 남당 박창화 선생 유고

峴城之賊乃退
十一年癸巳四月栗浪峴末曷襲破新山柵殺掠一
百余人
七月設完山狗川兩柵以塞栗浪來侵之路
十三年乙卯二月娚化為男五虎入城王禳之虎東
明樹王來炎末經得疫而薨春秋六十一國人立西
西씨祠祀之江以西建勒大王第三女貞長西
美旦有機敏善卿人興俊召王經營舉事回得其
人心旦與朱蒙王經營高句麗回求得家望反歎
利背叛不與之爭是以國又興二子南渡經營
百濟國大治三國人皆夢之妙神

南堂 朴昌和 先生 遺稿

첨부
添附

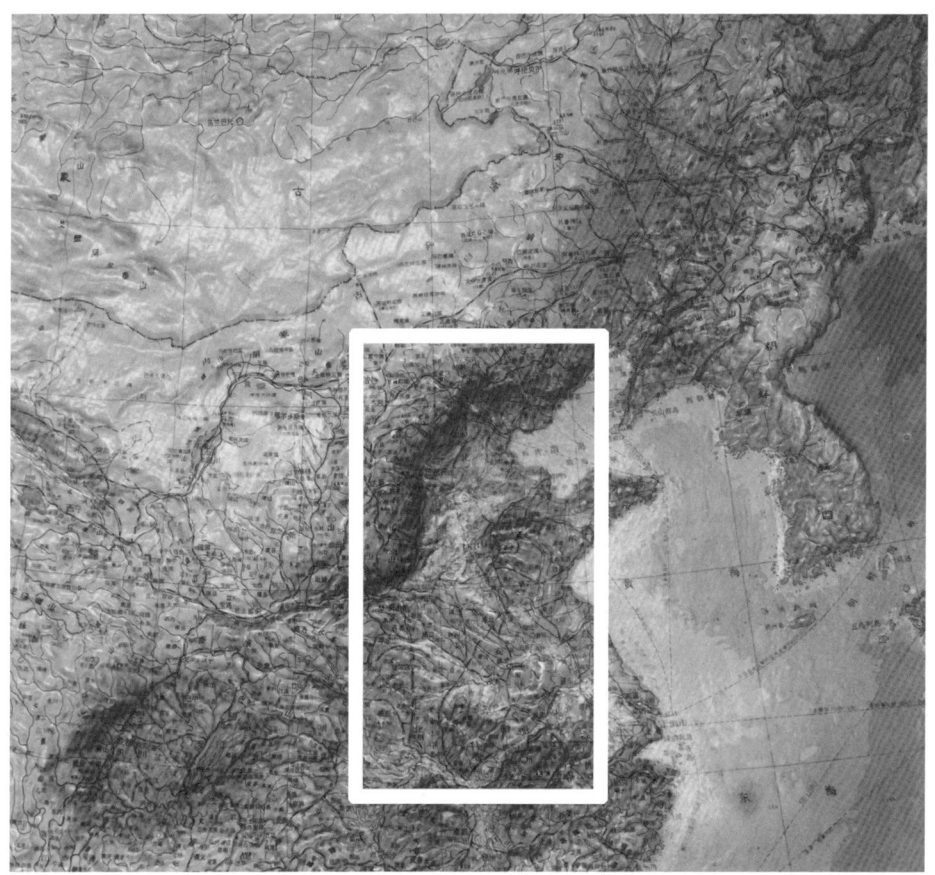

좌측 지도 확대도

삼국사기, 삼국유사, 고려사, 중국25사등
정통사서들에 기록된
대륙에 현재 그 이름 그대로 존재하는
삼국과 고려 역사의 수백개 지역명.

국사 편찬위 '한국사데이터베이스' 에서 제공하는 원서와
구글 위성지도 (Google map) 등으로 교차검증 가능.
누구나 쉽게, 우리 역사의 실제 무대를 찾아 볼 수 있습니다.

본 필사본의 실존 지명들을 지도에서 확인해 보시기 바랍니다.

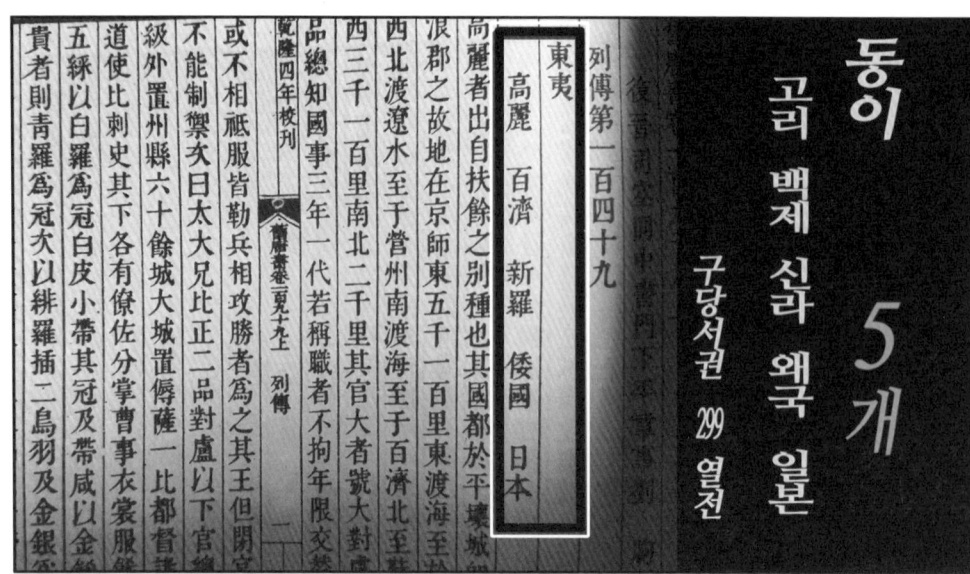

동이의 夷는 동쪽의 큰활을 사용하는 민족, 너그럽고, 공평한 민족이란 뜻입니다.   - 고대 한자 설명 사전 : 설문해자

화하족이 이민족을 부를 때 사용되었던 단어   서융,남만,북적,동이.
중국에는 한자의 '훈'이란 것이 존재하지 않습니다.
'오랑캐' 이 라는 것은 존재하지 않습니다. 자학적인 악의적 해석입니다.
동이란 구당서에서 보듯, 5개국으로, 중세까지 왜국과 일본은 다른 나라였습니다.

삼국사기에는 고구려,백제의 영토는 유.연.제.노.오.월 지역이라고 분명히 명시되어 있습니다.
우리가 너무나 몰랐던 원서내용과 모든 사서의 상식적 내용을 왜곡하는 독단적 현재 한국사의 해석.
일본이 비웃고, 중국이 박수치는 사라진 우리 고대,중세사
올바른 역사의식이, 민족의 번영을 불러옵니다.

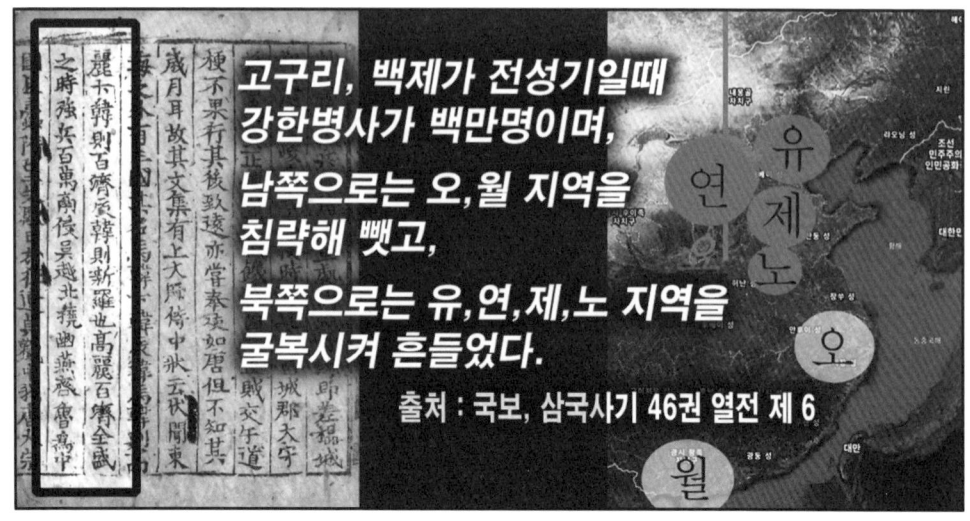

고대, 중세의
해(海)는 일반 물,
하(河)는 고유명사로 황하와 그 지류를 뜻함

현재 북경 자금성옆 일반 호수도 海로 표기, 바다가 아닌, 일반 물을 전국에서 海로 표기

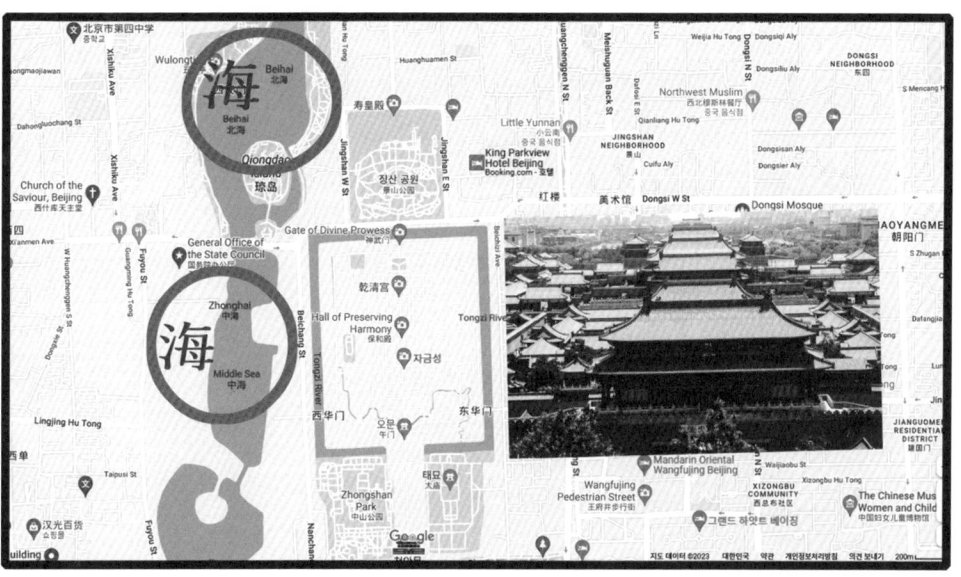

한반도로 억지로 구겨넣은, 현재 한국 고대,중세사 해석.
좌측, 중국의 남제서가 강제로 굵어낸 채로 전승되는 것처럼
이웃국, 즉 적대국의 역사 기록을 맹신해 우리의 역사를 쓴다는 건
비상식적인 일입니다.

우리의 수많은 자랑스런 역사책을 어떻게 해석하느냐에 따라
선조들의 활동무대가 바뀝니다.

남들이 주는 자료를 의식 없이 맹신할 것인가, 아니면 상식에 따라 직접 검증해 볼 것인가?

이제 본격적인 삼국사기, 고려사의 올바른 지역들, 내용 해석의 깊은 연구가 시작되어야 합니다.

1979년 조선왕조실록은 벌써 국보 151호 지정.

2018년에서야 문화재청이 국보 지정

삼국사기
수백개의 대륙 지명들이 기록된 정사

1979년 조선왕조실록은 벌써 국보 151호 지정.

2018년, 이제서야 '삼국사기' 국보 지정

2021년에서야 문화재청이 보물 지정

고려사
무수한 대륙의 지명이 유추 가능한 정사

書　評

出　刊　辭

書　評

본 책은 2,000년대 인터넷이 세상에 본격적으로 선보일 때,
국사편찬위 사이트가 만들어지며, 박창화 선생의 필사 촬영본들 역시
대중에게 공개되었고, 당시 누구나 무료로 다운받게 했던 자료입니다.
그 후 학계에 불리한 정보라고 판단했는지, 지금껏 비공개 처리가
되어버렸습니다. 그 당시 받은 것을 기본으로 재작업하여 만든
자료입니다.

청나라 건륭제 때 편찬된 정통 사서인 삼국의 대륙 기록이 많이 담겨있는
만주원류고 역시 국사편찬위원 사이트에서는 현재 보여주지 않고 있는
실정입니다. 고려사 역시 지명에 대한 각주들이 거의 존재하지 않는
실정입니다.

한반도 안에서만 삼국과 고려의 역사를 끼워 맞추려니 불리한 역사서들의
기록이 해가 된다고 생각하고 감추고 있는 걸까요? 아니면 해석이 안
되어 스스로 사서를 부정하고 취사 선택만 하며, 위서라고 외치며
받아들이기를 거부하는 걸까요? 이 책은 약 20년전 다운받은 조악한
사진들을 제가 혼자 한 장씩 모두 수정, 보정하고, 누락된 페이지는 채워
넣어 새롭게 완성한 것입니다. 각주를 최소화했고, 일반인이 이해하기
쉽게 글을 여러 차례 다듬었습니다. 개인 차원에서 사비로 펴낸
국내 최초의 올바른 백제서기, 백제왕기 번역본입니다.

박창화(朴昌和 1889~1962) 선생은 일제 강점기에 일본 왕실도서관에서
약 10년간 근무하면서, 숨겨진 수많은 고서를 정리하고 읽어오시다가
목숨을 걸고 필사해 오신 분으로, 그 업적은 높이 평가받아야 합니다.
여러 종류의 필사본들을 해방 전에 손수 가지고 귀국하셨고,
현재까지 화랑세기, 고구려사략, 추모경등의 번역이 나와 있지만,
아직도 여러 종류가 약 80년째 무관심 속에 잠자고 있습니다.

일본 왕실도서관에 있는 수많은 우리 역사책들은 필시,
임진왜란, 일제 강점기를 통해 조선에서 약탈한 것일 수도 있으나, 일부는
고려시대에 일본이 조공 무역을 통해 헌상받은 것이라고 생각하고
있습니다. 어찌 되었든, 일본은 거짓말을 하며, 절대 공개를 하지 않지만
민족 특성상 잘 보관하고 있다고 봅니다.

개인적으로 박창화 선생의 여러 필사본들을 줄곧 읽고,
삼국사기와 고려사들을 수십 번 분석한 후 총론을 해본다면

박창화 선생도 당시 시대 상황상, 중국 동부대륙의 지명들에 대해 전혀
이해도가 없었고, 올바른 해석을 하는 데 한계가 있었다는 것입니다.
실제 박창화 선생이 스스로 해석했던 것은 만주 반도 사관에 가깝습니다.
그도 그럴 것이 한국사는 2000년대부터 인터넷 원서 검색과 구글 위성
지도의 탄생과 함께, 시민 역사연구가들에 의해 혁신적으로 해석의
정확성이 눈에 띄게 높아지며 진실이 널리 밝혀지는 중입니다.
역사서들의 원문 내용과 수천 개의 지역명들을 온라인상에서 누구나
쉽게 비교, 교차 검증할 수 있는 시대가 시작되었기 때문입니다.

이 필사본에서는 삼국사기 등과 비교하여, 왕들과 시대 연표가 안 맞는
부분도 발견됩니다. 허나 이 책은 박창화 선생 스스로 여러 사료를 보고
종합하여, 필사하고, 본인 생각도 추가로 기록해 두었기에, 다름이 보여질
수 있다 봅니다. 여러 사서들과 상호 교차 검증으로 해결이 되는 부분이라
생각합니다.

일례로 삼국사기와 삼국유사의 인물, 지명, 한자들의 기록도 서로
일치하지 않습니다. 물론 정통 사서라는 중국 25사의 기록들도 지명,
내용, 연도, 한자 등등 모두 다 제각각으로 서로 완벽히 일치하지
않습니다. 또한 그 역사책들 역시 1~2천 년 전 원본이 전질로 존재할 수
없습니다. 종이 특성상, 전쟁 환경상, 수십 권의 전질의 보존이란 절대
불가능한 이유입니다.

역사책이란 후대에 덧대고, 다시 교간하고, 편집하여, 왕조의 특성에 맞게
재탄생하여 인쇄되어 전해지는 것입니다.
그러기에 우리는 어떠한 역사책이 되었든 우리의 기록들을 소중히 하여,
국익을 위해 자주적인 사고로, 다양한 교차 검증을 통해 역사를 해석해
나가야 합니다.
현재처럼 중국과 일본의 역사서 중심의 맹목적 추종과 우리 선조들을
한반도에서만 살았다고 해석하는 폐쇄성 반도사관 해석으로는 향후
민족 생존 자체가 위험합니다.

필사한 원문 글을 보시면 아시겠지만, 그 어떤 누구도 창작할 수 없는
수준이란 것을 판단하실 수 있습니다. 역사책이란 이야기 위주가 아닌,
지명들이 내용의 절반가량 차지한다고 봅니다. 순수 창작이 불가능합니다.

일본서기 같은 책을 보시기 바랍니다. 지역명이 몇 개나 나오는가.
급조된 사서들은 이야기 위주로 기술이 되었다면, 우리의 국보, 보물인
삼국사기, 고려사같이 여러 사관들에 의해 편찬된 사서들은 어마어마한
지역명들과 관직, 의복, 인물들이 기록됩니다. 물론 후대에 편집 수정을
가했더라도 많은 부분 남아 있게 됩니다.

이 필사본을 읽으신 독자분들은,
삼국사기와 본 필사본의 내용의 근본이 동일한 것을 알 수 있습니다.
백제왕기,백제서기, 이 1권의 책은, 박창화 선생이 일본 왕실도서관에서
보아온 자료를 모두 기록한 것으로
조선시대 다시 편집 인쇄된 현재의 삼국사기에서는 볼 수 없는
소중한 내용들이 담겨져 있습니다. 백제의 건국, 대방왕과의 관계등,

왕조가 뒤바뀌면서 어떠한 역사책들도 온전히 전해질 수 없으며,
그렇다면 위서가 아닌 것이 없습니다.
역사책은 왕조 해석의 잣대에 따라 변형이 되는 것입니다.

소중한 우리의 역사, 자료들은 외면하고, 무지성으로 따르고 외웠던
과거의 한국사 해석만 고집하며, 목숨 걸고 지키려 하고 있는,
시민들을 공격하는 학계의 박사, 교수, 강사들. 그리고 그 해석의
추종사들.
21세기. 이제는 비상식적 해석으로는, 인식이 있는 시민분들, 즉
여러분들을 쉽게 속일 수 없는 시대가 도래하였습니다.

한글이 국어 전공학자들만의 소유가 아니듯,
누구나 쉽게 검증할 수 있는 현재의 역사해석 또한, 우리 모두의 것입니다

이 책의 대중화, 오늘을 위해 하늘나라에서 기다려 주셨을
민족의 애국자 故박창화 선생에게 고개 숙여 감사를 표합니다.

출 간 사

이 책의 한문 번역을 주위의 전문가 박사, 현직 교수 등에게 부탁했지만,
번번이 퇴짜를 맞았습니다.
국보 삼국사기마저, 초기기록을 불신하며, 인용을 잘 안 하는데,
필사한 이런 책을 힘들게 번역해 봤자, 한국 역사학계에서 욕을 먹고,
논문에 인용도 할 수 없고, 또 큰 번역 비용도 못 받으니 고사한 건
당연할 것입니다. 하지만
일반 시민, 직장인, 하진규 님께서 혼자 맡아서 해내셨습니다.
그동안, 유튜브 '책보고' 채널의 수만 명의 애청자분께서는
제가 출판사를 설립하고, 이 책을 만들 수 있도록 도움을 주셨습니다.

일본 왕실도서관에서 근무하던 박창화 선생이
당시 정확히 이해는 못 하였지만, 목숨을 걸고, 필사한 그 책.
국내에서 약 80년간 잠자던 백제의 기록들.

두 명이 작업한 이 책은 완벽하다고 말할 순 없습니다만
수십 차례 수정하며, 도움 없이 오랜 시간 동안 최선을 다했습니다.
일주일에 6일을 일하는 평범한 소시민이 어린아이를 키우며,
약 1년간 퇴근 후 제대로 잠도 못 자며 번역한 책입니다.
부족한 부분이 있다면, 후대에 더 교간 된 책들이 많이 나오길 바랍니다.
오타나, 해석의 문제점은 출판사로 메일 주시면 참조, 수용
검토하겠습니다.

모든 현존하는 역사서를 제대로 해석만 해도, 패망 시까지
백제 본토는 늘 중국 대륙 동부라는 것이 교치 검증으로 확인됩니다.
책의 지도와 연계해 내용을 이해하면 우리 역사가 쉽게 풀이됩니다.
대륙에 본토가 존재하던 삼국과 고리(高麗 고려왕조)
고토인 대륙 동부를 명나라의 땅으로 인정해 준 조선왕조의 건국.

올바른 한국 고대, 중세사 복원을 위하여 오늘도 함께 해주시는
시민 번역가 하진규 님, 그리고 깨어있으신 많은 구독자 여러분께
깊은 감사의 말씀을 드립니다. 상식은 이깁니다.

— 시민혁명 출판사 대표 겸 유튜버 책보고

백제서기, 백제왕기

1쇄 발행 2023년 8월
3쇄 발행 2024년 4월

출처 일본 왕실도서관
저자 高興 등
필사 박창화
번역 하진규
교정/편집 책보고

발행인 책보고
발행처 시민혁명 출판사
출판번호 제 2023-000003호
주소 경기도 부천시 길주로 317 블래스랜드 303
대표연락처 booksbogo@naver.com
인쇄 모든인쇄문화사, 인쇄문의 042)626-7563

ISBN 979-11-983903-1-8
정가 35,000원

보도,서평,연구,논문 등에서 수용적인 인용, 요약하는 경우를 제외하고는
출판사의 승낙 없이 이 책의 번역 내용을
무단 전재하거나 복제하는 것을 금합니다.
이 책은 국내 저작권법에 따라 보호받는 저작물입니다.